Veronika Pic

DAS KOCHBUCH fürs Homeoffice

Veronika Pichl

DAS KOCHBUCH fürs Homeoffice

80 schnelle, einfache und gesunde Rezepte

riva

Bibliografische Information der Deutschen Nationalbibliothek
Die Deutsche Nationalbibliothek verzeichnet diese Publikation in der Deutschen Nationalbibliografie. Detaillierte bibliografische Daten sind im Internet über http://d-nb.de abrufbar.

Für Fragen und Anregungen
info@rivaverlag.de

Wichtiger Hinweis
Ausschließlich zum Zweck der besseren Lesbarkeit wurde auf eine genderspezifische Schreibweise sowie eine Mehrfachbezeichnung verzichtet. Alle personenbezogenen Bezeichnungen sind somit geschlechtsneutral zu verstehen.

Originalausgabe
1. Auflage 2021

Türkenstraße 89
80799 München
Tel.: 089 651285-0
Fax: 089 652096

Redaktion: Caroline Kazianka, Eva Siegmund, Ulrike Reinen, Matthias Michel
Umschlaggestaltung: Manuela Amode
Umschlagabbildungen: Vorderseite: Olga Miltsova/Shutterstock.com, Kiian Oksana/Shutterstock.com, Elena Eryomenko/Shutterstock.com; Rückseite: Stepanek Photography/Shutterstock.com, Liliya Kandrashevich, Timolina/Shutterstock.com
Satz: inpunkt[w]o, Haiger (www.inpunktwo.de)
Druck: Florjancic Tisk d.o.o., Slowenien
Printed in the EU

ISBN Print 978-3-7423-1828-2
ISBN E-Book (PDF) 978-3-7453-1534-9
ISBN E-Book (EPUB, Mobi) 978-3-7453-1535-6

Weitere Informationen zum Verlag finden Sie unter

www.rivaverlag.de

Beachten Sie auch unsere weiteren Verlage unter www.m-vg.de

Inhalt

33 Salate

55 Nudeln

67 Mit Fleisch

EINFACH BESSER ESSEN: SCHNELLE UND LECKERE HOMEOFFICE-KÜCHE

Immer mehr Menschen haben die Möglichkeit, im Homeoffice zu arbeiten. Das eröffnet einerseits viele neue Freiheiten und macht es möglich, Familienleben und Arbeitsalltag leichter miteinander zu vereinbaren. Gleichzeitig stellt uns das Arbeiten von zu Hause aus aber auch vor ganz neue Herausforderungen. Schließlich findet im Homeoffice nicht nur das Arbeiten überwiegend zu Hause statt. Auch die Mahlzeiten werden nicht mehr in der Kantine oder mit den Kollegen im Restaurant, sondern überwiegend in den eigenen vier Wänden eingenommen. Klar, dass dann unkomplizierte Rezepte hermüssen, die für Einkauf und Zubereitung wenig Zeit beanspruchen – und gleichzeitig möglichst die unerwünschten Homeoffice-Kilos auf den Hüften verhindern.

ERNÄHRUNGSCHANCEN UND -HERAUSFORDERUNGEN IM HOMEOFFICE

Das Arbeiten von zu Hause aus bringt verschiedene Vorteile, gleichzeitig aber auch einige Herausforderungen mit sich. Diese betreffen dabei aber längst nicht die berufliche Tätigkeit allein. Vielmehr wirkt sich die Arbeit im Homeoffice auf den gesamten Tagesablauf und insbesondere auch auf unsere Ernährungsgewohnheiten aus.

Zwar können wir neben unserem Arbeitsrhythmus auch unsere Ernährung im Homeoffice freier gestalten. Schließlich fällt fremdbestimmtes Essen in Abhängigkeit von Pausenzeiten und dem (begrenzten) Kantinen- oder Restaurantangebot endlich weg. Und auch die Verlockungen, die von ungesunden Snacks, die uns in der Pause oder auf dem Weg zur Arbeit in der Auslage des Bäckerladens anlachen, fallen weg. Schließlich haben wir unsere Ernährung zu Hause selbst in der Hand und können allein bestimmen, was in den Kühlschrank und auf den Tisch kommen soll. Allerdings ergibt sich genau hieraus auch eine der größten Ernährungsherausforderungen im Homeoffice:

Arbeiten wir von zu Hause aus, können wir selbst entscheiden, was in der Mittagspause auf den Tisch kommen soll. Gleichzeitig sind wir hier aber auch selbst für den Einkauf der nötigen Zutaten und die Zubereitung aller Mahlzeiten verantwortlich. Das gibt uns eine gewisse Freiheit – macht aber auch zusätzliche Arbeit und lässt den Griff zu Fertiggerichten oder Fast Food vom Lieferservice besonders verlockend erscheinen. Damit das Homeoffice nicht zum Figurkiller wird, gilt es, genau das zu vermeiden und selbst für gesunde Zutaten und ausgewogene Rezepte zu sorgen.

Damit genau das reibungslos klappt und nicht in Stress ausartet, sind gerade im Homeoffice Planung und Struktur besonders wichtig. Werden Arbeitsabläufe, Einkauf und einzelne Mahlzeiten sinnvoll geplant, lässt sich frisches Kochen nämlich viel leichter in den Arbeitsalltag integrieren. So wird das Homeoffice nicht nur zu einer neuen Arbeitsalternative, sondern sogar zur echten Chance für gesünderes, frischeres Kochen und Genießen.

GESÜNDERE ERNÄHRUNG BEREICHERT DEN HOMEOFFICE-ALLTAG

Während im »herkömmlichen« Büroalltag der Griff zum belegten Brötchen oder dem schnellen Kantinensnack nahe lag, haben wir im Homeoffice die Chance, unsere Ernährung endlich komplett selbst in die Hand zu nehmen und sie gesünder und ausgewogener zu gestalten. Dafür, diese Chance zu nutzen, sprechen gleich mehrere gute Gründe:

- **Gesunde Ernährung macht uns körperlich und geistig leistungsfähiger:** Sogar im Ruhezustand verbraucht das menschliche Gehirn einen Großteil der insgesamt umgesetzten Körperenergie. Die verbrauchte Energie wiederum wird aus dem gewonnen, was wir unserem Körper über die Nahrung zur Verfügung stellen. Hieraus lässt sich ableiten: Stellen wir unserem Körper einen wertvollen (gesunden) Brennstoff zur Verfügung, kann er hieraus besser und effizienter Energie gewinnen. In der Folge arbeitet neben unserem Gehirn auch unser Körper allgemein besser und effizienter, wenn wir uns gesund ernähren.

- **Gesunde Ernährung hält den Körper gesund:** Mit dem, was wir heute essen, legen wir den Grundstein für unsere Gesundheit von morgen. Nutzen wir die Zeit im Homeoffice dazu, unsere Ernährung gesünder zu gestalten, lässt sich hierdurch beispielsweise das Risiko von Herz-Kreislauf-Erkrankungen, Diabetes, Übergewicht und Arthritis langfristig deutlich senken.
- **Gesundes Essen macht Lust auf Gesundes:** Gerade dann, wenn es im Alltag einmal hoch her geht, haben viele Menschen kaum Zeit zum Essen. Sie greifen zu Fertiggerichten oder anderen industriell hergestellten, schnellen Snacks. Diese Lebensmittel sind meist jedoch eine Mischung aus viel Fett, Zucker und Salz. Sie sind sehr geschmacksintensiv und wecken – statt uns satt zu machen – das Verlangen nach weiteren süßen, salzigen und fettigen Snacks.
Sie machen uns quasi abhängig, verändern unseren Geschmackssinn und führen – im Übermaß genossen – nicht selten zu Gewichtsproblemen. Stellen wir unsere Ernährung jedoch um und ernähren uns gesünder und natürlich, normalisieren sich meist auch unser Geschmacks- und Sättigungsempfinden schnell wieder. Plötzlich zeigt sich dann, dass wir auf

ungesunde Lebensmittel, die vorher stets ein Muss waren, problemlos verzichten können.

- **Gesunde Ernährung schenkt mehr Energie:** Das bekannte Mittagstief nach dem Essen oder die gefürchtete Antriebslosigkeit am Nachmittag setzen oft ein, weil der Körper mit dem Verdauen von üppigen Mahlzeiten beschäftig ist. Diese Aufgabe verlangt ihm derart viel ab, dass für die Arbeit im Homeoffice oder andere Beschäftigungen keine Energie mehr zur Verfügung steht. Und auch ein rapider Anstieg des Blutzuckerspiegels und ein anschließender rapider Abfall (etwa nach dem Verzehr sehr kohlenhydratreicher Mahlzeiten) können solche Tiefs auslösen. Essen wir allerdings gesund und ausgewogen, bleibt die Achterbahnfahrt des Blutzuckerspiegels aus. Das wiederum wirkt sich positiv auf unser Energielevel aus und sorgt für Leistungsfähigkeit über den ganzen Tag hinweg.
- **Gesundes Essen macht einfach glücklicher:** Wer sich gesund ernährt und seinem Körper das zur Verfügung stellt, was er wirklich braucht, reduziert die Ausschüttung von Stresshormonen und damit die Entstehung von Stimmungsschwankungen. Das hat meist ein Gefühl von mehr Ausgeglichenheit und Vitalität zur Folge – kurz: Es macht einfach glücklicher.

DER HOMEOFFICE-ALLTAG BRAUCHT MEHR STRUKTUR

Die Arbeit im Homeoffice kann eine Chance sein, sich endlich gesünder und ausgewogener zu ernähren – ohne Planung und Struktur kann sie jedoch auch das genaue Gegenteil bewirken: Wer im Homeoffice arbeitet, hat zwar die Gelegenheit, seine Mahlzeiten selbst zusammenzustellen und sich gesünder als bisher zu ernähren. Gleichzeitig kann es aber auch passieren, dass das Arbeiten von zu Hause aus dazu verleitet, mehr zu snacken und Mahlzeiten unregelmäßiger

einzunehmen. Schließlich sind Süßigkeiten und andere »Nervennahrung« zu Hause immer griffbereit und verleiten so dazu, öfter zuzugreifen als bisher.

Hinzu kommt außerdem: Oft ist es viel schwieriger als angenommen, Haushalt, Arbeit im Homeoffice und etwa die Kinderbetreuung miteinander zu vereinbaren. Sind wir häufiger zu Hause, fällt ganz automatisch auch mehr Haushaltsarbeit an. Dann fehlt es oft an Zeit und Energie, um gesund und frisch zu kochen. Trotz Homeoffice liegen dann der Griff zu Fertiggerichten und der abendliche Anruf beim Lieferdienst nahe. Bedenkt man jedoch, dass sich die meisten Menschen, die im Homeoffice tätig sind, auch noch weniger bewegen als gewohnt, ist klar, warum das schnell zu ein paar Kilos mehr auf der Waage führen kann.

Um sich den Alltag und auch gesundes Essverhalten zu erleichtern, ist es darum auch im Homeoffice wichtig, den Alltag sinnvoll zu strukturieren. Neben den Arbeitsabläufen sollte dabei gerade auch das Thema Essen sinnvoll geplant sein. So fallen Einkaufen, Kochen und eine ausgewogene Ernährung gleich viel leichter:

- **Den Einkauf vorbereiten:** Viele Menschen neigen dazu, spontan, unvorbereitet und hungrig in den Supermarkt zu gehen. Nicht selten führt das dazu, dass viele ungesunde Snacks im Einkaufswagen landen, auf die man spontan Appetit verspürt. Ein Großteil der Lebensmittel, die wirklich gebraucht werden, wird hingegen vergessen. Dieses Einkaufsverhalten hat zum einen zur Folge, dass mehr Gänge als nötig zum Supermarkt erforderlich werden. Zum anderen führt unvorbereitetes Einkaufen aber auch dazu, dass gesundes Kochen zu Hause oft gar nicht möglich wird. Sinnvoller und zeitsparender ist es darum, planvoll vorzugehen und eine Einkaufsliste auf Papier oder dem Smartphone vorzubereiten. Das klappt am besten und effizientesten, wenn auch Mahlzeiten bereits im Voraus geplant werden.

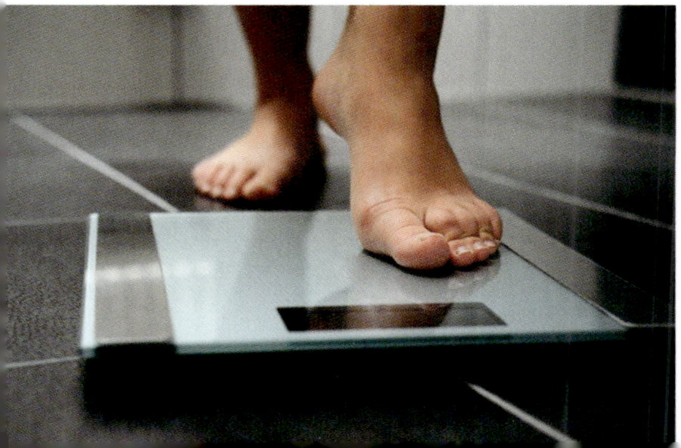

- **Mahlzeiten im Voraus planen:** Wer seine Mahlzeiten im Voraus plant, weiß ganz genau, was auf der Einkaufsliste nicht fehlen darf. Gleichzeitig hilft ein Mahlzeiten-Tages- oder Wochenplan aber auch dabei, zeitsparender und kostengünstiger einzukaufen. Schließlich kommt so nur auf die Einkaufsliste und in den Einkaufswagen, was auch wirklich benötigt wird. Ungesunde Snacks und Überflüssiges finden erst gar nicht ihren Weg auf die Liste und können uns so später auch nicht in Versuchung führen.
- **Sinnvolle Vorratshaltung:** Um nicht unnötig viel Zeit für das Einkaufen gesunder Zutaten aufwenden zu müssen, empfiehlt es sich, kleinere Vorräte anzulegen. Selbstverständlich können dabei hauptsächlich länger haltbare Lebensmittel bevorratet werden. Ist jedoch ein gewisser »Grundvorrat« vorhanden, wird es so möglich, eine gesunde Mahlzeit auch dann zu zaubern, wenn die Zeit zum Einkaufen einmal fehlt.
- **Öfter mal etwas einfrieren:** Auch Lebensmittel, die nicht lange frisch bleiben (z. B. Brot) oder zubereitete Speisen lassen sich meist problemlos einfrieren – das wird häufig vergessen. Wer nicht unnötig viel Zeit am Herd oder im Supermarkt verbringen möchte, sollte sich daran jedoch erinnern. Oft lohnt es sich nämlich, einmal eine größere Portion gefrierfachtauglicher Lebensmittel einzukaufen oder zuzubereiten. Eingefroren können auch diese Lebensmittel meist mehrere Wochen gelagert werden und sorgen dafür, dass sogar im Homeoffice immer eine gesunde Mahlzeit greifbar ist.
- **Reste verwerten:** Bleiben einmal Kartoffeln, Nudeln, Gemüse oder andere Lebensmittel übrig, müssen sie natürlich nicht weggeworfen werden. Mit etwas Kreativität lässt sich nämlich auch Übriggebliebenes in einen leckeren Nudelsalat, Bratkartoffeln, eine Gemüsepfanne und in viele andere Gerichte verwandeln. Allerdings rettet die Resteverwertung nicht nur Lebensmittel vor der Mülltonne. Sie macht es auch möglich, beim Kochen am Folgetag einige Arbeitsschritte einzusparen.

TIPPS FÜR EINE AUSGEWOGENE HOMEOFFICE-ERNÄHRUNG

In den eigenen vier Wänden haben wir die Möglichkeit, uns stets ausgewogen zu ernähren. Allerdings lauern auch zu Hause einige Ernährungsfallen, die uns dazu verleiten können, zu viel oder zu ungesund zu essen. Es gibt jedoch einige Ernährungstipps, die dafür sorgen, dass die Arbeit im Homeoffice nicht zu einem Ernährungsfiasko führt:

- Auch im Homeoffice sollten feste Pausenzeiten eingeplant werden. Außerdem sollte festgelegt werden, dass nur zu den Pausenzeiten gegessen werden »darf«. Andernfalls kann die heimische Umgebung schnell dazu verleiten, dass wir zu viel oder sogar pausenlos snacken.
- Während der Pausenzeiten, in denen die Mahlzeiten eingenommen werden, sollten PC und Fernseher ausgeschaltet bleiben. So fällt es leichter, bewusster zu essen.
- Kommt zwischendurch doch einmal ein kleines Hungergefühl auf, sollten gesunde Snacks wie Obst oder Nüsse griffbereit sein. Statt Schokoriegel oder Gebäck lassen sich nebenbei nämlich auch Karotten, Äpfel oder Mandeln knabbern.

- Regelmäßiges Trinken (mindestens 2 Liter Wasser oder ungesüßter Tee täglich!) hilft dabei, fit und konzentriert zu bleiben. Nicht selten kommt es nämlich vor, dass Konzentrationsprobleme nicht durch Hunger, sondern durch (oft unbemerkten) Durst ausgelöst werden.
- Einkäufe sollten möglichst so geplant werden, dass es jederzeit möglich ist, auch etwas Schnelles zuzubereiten. Werden Mahlzeiten im Voraus geplant und eine Einkaufsliste sinnvoll zusammengestellt, lassen sich Kühl- und Vorratsschrank so füllen, dass immer etwas Gesundes vorrätig ist und ungesunde Lustkäufe im Supermarkt verhindert werden.

GESUNDE HOMEOFFICE-KÜCHE: DIESE LEBENSMITTEL SOLLTEN STETS VORRÄTIG SEIN

Selbstverständlich lässt sich keine vollständige Liste der Lebensmittel zusammenstellen, mit denen sich jederzeit eine schnelle und gesunde Mahlzeit zaubern lässt. Es gibt jedoch bestimmte Lebensmittel, die besonders vielseitig und außerdem lange haltbar sind. Ist ein gewisser Vorrat dieser Zutaten vorhanden, lassen sich mit ihrer Hilfe und mit wenigen frischen Zutaten abwechslungsreiche und gesunde Gerichte zusammenstellen. Das hilft insbesondere dann, wenn die

Zeit zum Einkaufen einmal knapp ist oder nur noch wenige frische Zutaten im Kühlschrank vorhanden sind.

Zu den Lebensmitteln, die besonders lange haltbar sind und immer vorrätig sein sollten, gehören insbesondere:

- Getrocknete Gewürze: Sie sind lange haltbar und verleihen jedem Gericht einen einzigartigen Geschmack.
- Haltbare Grundnahrungsmittel: Hierzu zählen insbesondere Kartoffeln, Süßkartoffeln, (Vollkorn-)Nudeln, Reis, Quinoa, Hirse, Couscous und Bulgur.
- Hülsenfrüchte wie Linsen, Bohnen oder Kichererbsen
- Knoblauch und Zwiebeln
- Tiefgefrorenes Obst und Gemüse
- Tomatenmark, Dosentomaten und passierte Tomaten
- Currypaste und Kokosmilch für exotische Gerichte
- Nüsse und Kerne (z. B. Mandeln, Walnüsse, Pinienkerne)
- Haltbare Milch oder Milchalternativen
- Fischkonserven (z. B. Thunfisch)

Diese Lebensmittel sind allesamt lange haltbar und können auf Vorrat eingekauft werden. Wichtig ist es natürlich außerdem, den einmal angelegten Vorrat regelmäßig zu überprüfen. So lässt sich verhindern, dass bestimmte Lebensmittel verderben oder doch einmal nicht mehr vorrätig sind.

Übrigens: Auch frische, nicht lange haltbare Lebensmittel wie Gemüse oder Fleisch können durchaus in gewissem Maße auf Vorrat eingekauft werden. Schließlich lassen sich gerade Fleisch und Gemüse besonders gut einfrieren. Wer sicher ist, dass genügend Platz im Gefrierfach vorhanden ist, kann darum etwa auch bei günstigen oder saisonalen Fleisch- und Gemüseangeboten aus der Region zuschlagen.

Wie sich leckere Mahlzeiten im Homeoffice schnell und einfach zubereiten lassen, zeige ich Ihnen nun in den nachfolgenden Rezepten.

Gutes Gelingen!

ZUM UMGANG MIT DIESEM BUCH

Zu den Rezepten finden Sie Tipps sowie die Angabe der Nährwerte:

- kcal steht für Kilokalorien
- KH für Kohlenhydrate
- F für Fett
- P für Protein

Suppen

HÄHNCHEN-CURRY-SUPPE

2 PORTIONEN • ZUBEREITUNG: CA. 15 MIN.
PRO PORTION: 293 KCAL / 9,2 G KH / 13,6 G F / 37,2 G P

ZUTATEN:

200 g Hähnchenbrustfilet
1 Zwiebel
1 Karotte
1 EL Öl
1 EL Currypulver
200 ml Kokosmilch light
1 EL Zitronensaft
400 ml Gemüsebrühe
1 TL milde Currypaste (alternativ noch etwas mehr Currypulver hinzufügen)

1. Hähnchenbrustfilet waschen, trocken tupfen und in feine Streifen schneiden.
2. Zwiebel abziehen und hacken.
3. Karotte putzen, schälen, der Länge nach halbieren und die beiden Hälften quer in feine Scheiben schneiden.
4. Öl in einen Topf geben und Fleisch, Zwiebel und Karotte darin scharf anbraten.
5. Currypulver darüberstreuen und Kokosmilch, Zitronensaft, Gemüsebrühe und milde Currypaste hinzufügen.
6. Suppe bei mittlerer Hitze ca. 8–10 Min. köcheln lassen.

TIPPS: Je feiner die Hähnchenbrustfiletstreifen geschnitten sind, desto schneller ist die Suppe servierfertig.
Mit frisch gehacktem Koriander oder Petersilie servieren.
Wer es schärfer möchte, nimmt scharfe Currypaste und würzt mit etwas Chilipulver.

BROKKOLI-GARNELEN-SUPPE

2 PORTIONEN • ZUBEREITUNG: CA. 15 MIN.
PRO PORTION: 366 KCAL / 8,3 G KH / 3 G F / 29,7 G P

ZUTATEN:

- 230 g Brokkoli
- 250 ml Gemüsebrühe
- 225 g Garnelen (küchenfertig)
- 2 Knoblauchzehen (optional)
- 1 TL Zitronensaft
- 1 ½ EL Öl
- Salz
- Pfeffer
- 1 Schalotte (oder 1 kleine Zwiebel)
- 190 g Sauerrahm

1. Brokkoli waschen, in kleinere Röschen schneiden, dann sind sie schneller gar. Zusammen mit der Gemüsebrühe in einen Topf geben und aufkochen, Hitze reduzieren und 5–8 Min. köcheln lassen.
2. Währenddessen Garnelen abspülen und mit Küchenpapier trocken tupfen.
3. Die Knoblauchzehen schälen und fein hacken.
4. In einer Schüssel die Garnelen, die Hälfte des gehackten Knoblauchs, Zitronensaft und 1 EL Öl vermengen, mit Salz und Pfeffer würzen.
5. Schalotte schälen, in feine Würfel schneiden und zusammen mit den Garnelen in einer Pfanne mit ½ EL Öl kurz anbraten.
6. Den restlichen, gehackten Knoblauch zusammen mit dem Sauerrahm zum Brokkoli in den Topf geben und alles fein pürieren.
7. Schalotten und Garnelen unter die Suppe rühren (evtl. einige Garnelen zum Servieren beiseite legen). Mit Salz und Pfeffer abschmecken.

TOMATEN-MOZZARELLA-SUPPE

2 PORTIONEN • ZUBEREITUNG: CA. 15 MIN.
PRO PORTION: 247 KCAL / 7,5 G KH / 16,6 G F / 14,5 G P

ZUTATEN:

1 Zwiebel
1 EL Öl, z. B. Olivenöl
1 Dose geschälte Tomaten (ca. 400 g)
500 ml Gemüse- oder Rinderbrühe
1 TL Tomatenmark
1 TL getr. Basilikum (bzw. 1 EL frisches Basilikum, gehackt)
1 Kugel Mozzarella (ca. 125 g)
Salz
Pfeffer

1. Zwiebel abziehen und in kleine Würfel schneiden.
2. Olivenöl in einen Topf geben und Zwiebelwürfel darin kurz anbraten.
3. Geschälte Tomaten, Brühe, Tomatenmark und Basilikum hinzufügen und auf mittlerer Stufe ca. 10 Min. köcheln lassen.
4. Währenddessen den Mozzarella abtropfen lassen und in kleine Würfel schneiden.
5. Nach 10 Min. Kochzeit die Suppe vom Herd nehmen und pürieren, mit Salz und Pfeffer abschmecken.
6. Die Mozzarellawürfel vor dem Servieren auf die noch heiße Suppe geben.

TIPP: Mit frischem Basilikum servieren.

ORIENTALISCHE KOHLRABI-SPINAT-SUPPE

2 PORTIONEN • ZUBEREITUNG: CA. 25 MIN.
PRO PORTION: 185 KCAL / 13,6 G KH / 11 G F / 5,9 G P

ZUTATEN:

- 300 g Kohlrabi
- 1 mittelgroße Zwiebel
- 1–2 EL Öl
- 120 g frischer Blattspinat
- 50 g Sahne (fettreduziert)
- 1 TL Gemüsebrühepulver
- 30 g Kokosmilch
- 70 ml Orangensaft
- Salz
- Pfeffer

1. Kohlrabi waschen, schälen und in kleine Würfel schneiden.
2. Zwiebel schälen und ebenfalls klein würfeln.
3. Öl in einen Topf geben. Kohlrabi- und Zwiebelwürfel hinzufügen und ca. 5 Min. anschwitzen.
4. Spinat waschen und abtropfen lassen.
5. Sahne mit Gemüsebrühepulver, Kokosmilch, Orangensaft und 150 ml Wasser in den Topf geben und alles gut verrühren.
6. Spinat hinzufügen und 10–12 Min. bei mittlerer Hitze köcheln lassen.
7. Die Suppe pürieren und mit Salz und Pfeffer abschmecken.

TIPP: Mit einem Schuss Sahne oder Crème fraîche und gehackter Petersilie garnieren.

BLUMENKOHLCREMESUPPE

2 PORTIONEN • ZUBEREITUNG: CA. 25 MIN.
PRO PORTION: 275 KCAL / 16,7 G KH / 14,3 G F / 16,8 G P

ZUTATEN:

500 g Blumenkohl
1 Zwiebel
1 Knoblauchzehe
200 ml Gemüsebrühe
250 ml Milch (3,5 %)
5 Stängel Petersilie
1 kleine Karotte
Salz
Pfeffer
1 EL Sesamöl (oder anderes)
2–3 EL geriebenen Parmesan

1. Blumenkohl waschen und in kleine Röschen teilen oder klein schneiden.
2. Zwiebel und Knoblauch abziehen und vierteln.
3. Blumenkohl, Zwiebel, Knoblauch, Gemüsebrühe und Milch in einem Topf vermengen und ca. 10–15 Min. köcheln lassen.
4. Währenddessen die Petersilie waschen und hacken.
5. Karotte waschen und mit einem Sparschäler feine Raspel abschälen.
6. Sobald der Blumenkohl weich ist, die Suppenzutaten mit einem Pürierstab pürieren.
7. Anschließend mit Salz, Pfeffer und Sesamöl abschmecken.
8. Mit den Möhrenstreifen, Parmesan und Petersilie garnieren und genießen.

CREMIGE BROKKOLI-SELLERIE-SUPPE MIT FETA

2 PORTIONEN • ZUBEREITUNG: CA. 20 MIN.
PRO PORTION: 327 KCAL / 8,6 G KH / 23,9 G F / 19,2 G P

ZUTATEN:

- 2 Schalotten
- 1 Knoblauchzehe
- 300 g Brokkoli
- 1 Stange Staudensellerie
- 1 EL Kokosöl
- 500 ml Gemüsebrühe
- 100 g Feta
- 100 g griechischer Joghurt
- Salz
- Pfeffer

1. Schalotten und Knoblauch abziehen und klein hacken.
2. Brokkoli und Staudensellerie abwaschen und in kleine Stücke schneiden.
3. In einem großen Kochtopf das Kokosöl erhitzen.
4. Schalotten, Knoblauch, Brokkoli und Staudensellerie darin etwa 2 Min. unter mehrmaligem Umrühren anbraten.
5. Die Gemüsebrühe zugießen und alles einmal aufkochen lassen. Anschließend etwa 7 Min. auf mittlerer Stufe köcheln lassen, bis das Gemüse gar ist.
6. Den Topf von der Herdplatte nehmen und alles so lange pürieren, bis eine cremige Suppe entstanden ist. Den Feta zerbröseln und mit dem Joghurt hinzugeben, eventuell erneut einige Sekunden lang pürieren.
7. Mit Salz und Pfeffer abschmecken.

TIPP: Mit frischer Minze und gehackten Haselnüssen servieren.

ROTE-BETE-KOKOS-SUPPE

1 PORTION • ZUBEREITUNG: CA. 25 MIN.
PRO PORTION: 444 KCAL / 20,9 G KH / 36,7 G F / 7,2 G P

ZUTATEN:

- 1 Schalotte
- 1 Knoblauchzehe
- 250 g vorgekochte, vakuumierte Rote Bete
- 10 g Kokosöl
- 120 ml Gemüsebrühe
- 150 ml Kokosmilch aus der Dose
- je 1 Prise Salz, Pfeffer und Chili

1. Schalotte und Knoblauch abziehen und würfeln.
2. Die Roten Bete kurz abwaschen und in Würfel schneiden.
3. Kokosöl in einen Topf geben und die Schalotten- und Knoblauchwürfel darin etwa 5 Min. bei mittlerer Hitze andünsten.
4. Rote-Bete-Würfel hinzufügen und weitere 2 Min. dünsten.
5. Mit der Gemüsebrühe und der Kokosmilch ablöschen und mit Salz, Pfeffer und Chili würzen.
6. Suppe bei mittlerer Hitze 10 Min. köcheln lassen und danach mit dem Pürierstab zu einer cremigen Suppe pürieren. Noch einmal mit den Gewürzen abschmecken.

KÜRBISSUPPE

4 PORTIONEN • ZUBEREITUNG: CA. 30 MIN.
PRO PORTION: 238 KCAL / 18,7 G KH / 14,8 G F / 5 G P

ZUTATEN:

300 g Kürbis (z. B. Hokkaido)
100 g Kartoffeln
1 Zwiebel
1 Knoblauchzehe
1 Stück Ingwer (ca. ½ cm)
1 EL Butter
350 ml Gemüsebrühe
100 ml Schlagsahne
Salz
Pfeffer
gem. Muskatnuss
2 EL getr. Cranberrys
4 EL Kürbiskerne

1. Kürbis und Kartoffeln waschen und schälen. Kürbis halbieren und Kerne entfernen. Kartoffeln und Kürbis würfeln.
2. Zwiebel und Knoblauch abziehen, zusammen mit Ingwer fein würfeln und in heißer Butter glasig dünsten.
3. Kürbis- und Kartoffelwürfel zu den Zwiebeln geben, mitdünsten.
4. Mit der Gemüsebrühe ablöschen. Etwa 20 Min. bei mittlerer Hitze kochen und danach pürieren.
5. Schlagsahne einrühren.
6. Cranberrys hacken.
7. Kürbissuppe mit Gewürzen abschmecken und mit Kürbiskernen und Cranberrys servieren.

ROTE LINSENSUPPE

2 PORTIONEN • ZUBEREITUNG: CA. 30 MIN.
PRO PORTION: 349 KCAL / 35,5 G KH / 12,8 G F / 16,7 G P

ZUTATEN:

- 1 kleine Zwiebel
- 1 kleine Karotte
- 1 TL Butterschmalz oder Butter
- 120 g rote Linsen
- 350 ml Gemüsebrühe
- 150 ml fettreduzierte Kokosmilch
- Salz
- Pfeffer
- 1 TL gem. Kurkuma oder Currypulver
- 1 EL Zitronensaft

1. Zwiebel abziehen und klein hacken.
2. Karotte waschen, schälen und in Scheiben schneiden.
3. Butterschmalz in einem Topf erhitzen, Zwiebel und Karotte darin andünsten.
4. Linsen, Gemüsebrühe, Kokosmilch, Salz, Pfeffer und Kurkuma hinzufügen und bei mittlerer Hitze 20–25 Min. köcheln lassen.
5. Sobald die Linsen weich sind, Suppe mit dem Stabmixer pürieren. Mit Zitronensaft, Salz und Pfeffer abschmecken.

Salate

KICHERERBSENSALAT

1 PORTION • ZUBEREITUNG: CA. 15 MIN.
PRO PORTION: 458 KCAL / 41,7 G KH / 15,7 G F / 27,5 G P

ZUTATEN:

220 g Kichererbsen (aus dem Glas)
1 Tomate
100 g Salatgurke
2 Stängel Petersilie
½ rote Zwiebel
50 g Schafskäse (9 % Fett; optional)
2 EL Zitronensaft
1 TL Öl, z. B. Olivenöl
1 Prise Zucker oder Süßungsmittel nach Belieben
Salz
Pfeffer

1. Kichererbsen in ein Sieb abgießen und gut abtropfen lassen.
2. Tomate und Gurke waschen, putzen, Stielansatz der Tomate entfernen und beides in kleine Stücke schneiden.
3. Petersilie waschen, trocken schütteln und hacken.
4. Zwiebel abziehen und in dünne Scheiben schneiden.
5. Die vorbereiteten Zutaten in einer Schüssel vermengen.
6. Den Schafskäse über den Salat krümeln.
7. Zitronensaft, Öl, Zucker, Salz und Pfeffer hinzufügen und alles gut durchmischen.

TOMATEN-PAPRIKA-SALAT

1 PORTION • ZUBEREITUNG: CA. 10 MIN.
PRO PORTION: 275 KCAL / 30,6 G KH / 10,9 G F / 6,1 G P

ZUTATEN:

2 Tomaten
½ kleine Salatgurke
1 rote Paprikaschote
1 gelbe Paprikaschote
1 kleine Zwiebel oder Schalotte
1 Stängel Petersilie
1 Stängel Basilikum
2 EL Essig, z. B. Balsamico bianco
1 EL Öl, z. B. Olivenöl
1 Prise Zucker oder Süßungsmittel nach Belieben
Salz
grober, bunter Pfeffer

1. Gemüse waschen und putzen.
2. Bei den Tomaten den Stielansatz entfernen. Gurke, Tomaten und Paprika in Stücke schneiden.
3. Zwiebel abziehen und in Scheiben schneiden. Mit dem Gemüse in einer Schüssel vermengen.
4. Kräuter waschen, trocken schütteln und hacken.
5. Essig, Öl, Zucker und Kräuter zum Salat geben und alles gut vermischen.
6. Mit Salz und Pfeffer abschmecken.

BUNTER THUNFISCH-EI-SALAT

1 PORTION • ZUBEREITUNG: CA. 15 MIN.
PRO PORTION: 579 KCAL / 13 G KH / 29 G F / 56 G P

ZUTATEN:

- 50 g Babyspinat
- 30 g Rucola
- 50 g Salatgurke
- 4 Kirschtomaten
- ½ rote Zwiebel
- 40 g Avocado
- 1 Bio-Zitrone
- 150 g Thunfisch in eigenem Saft (aus der Dose)
- 40 g schwarze Oliven (ohne Stein)
- 1 Prise getr. Kräuter (z. B. Basilikum)
- Salz
- Pfeffer
- 1 hart gekochtes Ei

1. Babyspinat und Rucola verlesen, waschen und trocken schütteln.
2. Gurke waschen, putzen und in Scheiben schneiden. Kirschtomaten waschen und jeweils dritteln.
3. Zwiebel abziehen und in Scheiben schneiden.
4. Avocado schälen, entkernen und in Scheiben schneiden.
5. Die vorbereiteten Zutaten in einer Salatschüssel vermischen.
6. Zitrone waschen und in Spalten schneiden. Etwas Zitronensaft über den Salat träufeln.
7. Thunfisch abtropfen lassen, etwas zerpflücken und mit den Oliven unter den Salat heben. Mit Kräutern sowie Salz und Pfeffer würzen.
8. Ei schälen, in Spalten schneiden und auf dem Salat verteilen.
9. Salat mit Zitronenspalten servieren.

GRIECHISCHER SALAT IM GLAS

1 PORTION • ZUBEREITUNG: CA. 15 MIN.
PRO PORTION: 433 KCAL / 8,3 G KH / 35,9 G F / 19,6 G P

ZUTATEN:

1 Tomate
1 Stück Gurke (ca. 5 cm)
½ rote Zwiebel
1 Handvoll Salat
1 EL Olivenöl
½ TL Kräuter der Provence
Salz
Pfeffer
10 g schwarze Oliven (ohne Stein)
100 g Schafskäse

1. Tomate waschen und achteln.
2. Gurke waschen, halbieren und in Scheiben schneiden.
3. Zwiebel abziehen, in Scheiben schneiden.
4. Salat waschen und trocken schütteln.
5. Für das Dressing Olivenöl mit Kräutern der Provence, Salz und Pfeffer verrühren.
6. Zuerst das Dressing in ein Schraubglas füllen, dann Tomaten, Gurken, Zwiebeln und Oliven einschichten.
7. Schafskäse daraufbröckeln und mit Salat toppen.

TIPP: Im Kühlschrank hält sich der Salat 2–3 Tage.

QUINOA-SPARGEL-SALAT

1 PORTION • ZUBEREITUNG: CA. 25 MIN.
PRO PORTION: 621 KCAL / 53 G KH / 31,5 G F / 25,8 G P

ZUTATEN:

60 g Quinoa
Salz
½ Bund grüner Spargel
30 g Radieschen
100 g Rucola
10 g Pekannüsse oder Mandeln
2–3 EL Zitronensaft
Pfeffer
1 EL Rosinen
60 g Schafskäse
1 EL Olivenöl

1. Quinoa laut Packungsanleitung zubereiten.
2. Währenddessen Wasser mit etwas Salz zum Kochen bringen. Spargel waschen, die harten Enden abschneiden und Spargel im kochenden Wasser 1–2 Min. blanchieren. Danach sofort in Eiswasser abschrecken. Spargelstangen in 3 Teile schneiden.
3. Radieschen putzen, waschen, abtrocknen und in Scheiben schneiden.
4. Rucola waschen, trocken schleudern und klein zupfen.
5. Pekannüsse hacken.
6. Quinoa mit 1–2 EL Zitronensaft sowie Salz und Pfeffer würzen. Zusammen mit Rucola, Spargel, Radieschen, Rosinen und Pekannüssen in einer Schüssel vermischen. Schafskäse auf den Salat bröckeln und mit Olivenöl, evtl. noch etwas Zitronensaft, Salz und Pfeffer abschmecken.

TIPP: Im Kühlschrank 2–3 Tage haltbar.

ZUCCHINISALAT MIT SCHAFSKÄSE, OLIVEN UND PINIENKERNEN

2 PORTIONEN • ZUBEREITUNG: CA. 15 MIN.
PRO PORTION: 598 KCAL / 16,5 G KH / 49,2 G F / 17,5 G P

ZUTATEN:

- 2 Zucchini
- 100 g Schafskäse
- 6 getr. Tomaten
- 80 g schwarze Oliven (ohne Stein)
- 40 g Pinienkerne
- 3 Stängel Petersilie (oder 1 TL TK-Petersilie bzw. ½ TL getr. Petersilie)
- 4 EL Öl, z. B. Olivenöl
- 3 EL Zitronensaft

1. Zucchini putzen, waschen, mit einem Sparschäler in dünne Streifen schneiden und in eine Schüssel geben.
2. Schafskäse in kleine Würfel schneiden und zu den Zucchinistreifen geben.
3. Getrocknete Tomaten klein hacken und zusammen mit den Oliven in die Schüssel geben.
4. Pinienkerne in einer Pfanne ohne Öl bei mittlerer Hitze rösten, bis sie leicht braun sind.
5. Petersilie waschen, klein hacken und zusammen mit dem Öl und Zitronensaft vermischen bzw. in einem Dressingshaker schütteln.
6. Dressing über den Salat geben und alle gut vermischen.
7. Geröstete Pinienkerne über den Salat streuen.

AVOCADO-GARNELEN-SALAT

2 PORTIONEN • ZUBEREITUNG: CA. 15 MIN.
PRO PORTION: 688 KCAL / 3,9 G KH / 66,7 G F / 17,9 G P

ZUTATEN:

- 2 reife Avocados
- 180 g gekochte Garnelen, verzehrfertig
- 5 Kirschtomaten
- 3 Stängel Petersilie (oder 1 TL TK-Petersilie bzw. ½ TL getr. Petersilie)
- 2 EL Limettensaft (oder Zitronensaft)
- 2½ EL Öl, z. B. Olivenöl
- Salz
- Cayennepfeffer

1. Avocados halbieren, entkernen und einen Teil des Fruchtfleisches mit einem Löffel herausnehmen.
2. Fruchtfleisch in kleine Würfel schneiden und in eine Schüssel geben. Garnelen hinzufügen.
3. Tomaten waschen, in kleine Stücke schneiden und in die Schüssel geben.
4. Petersilie waschen, trocken schütteln und klein hacken.
5. Limettensaft, Öl, Salz, Cayennepfeffer und gehackte Petersilie vermischen und über den Salat geben. Nochmal gut durchrühren.
6. Den Salat in die Avocadohälften füllen und servieren.

TIPP: Mit frischem Basilikum servieren.

RADIESCHEN-FETA-SALAT

FÜR 1 PORTION • ZUBEREITUNG: CA. 15 MIN.
PRO PORTION: 339 KCAL / 15,5 G KH / 16,9 G F / 26,5 G P

ZUTATEN:

- 6 bunte Kirschtomaten
- 10 Radieschen
- 60 g Salatgurke
- 120 g fettreduzierter Feta
- 1 Stängel Basilikum
- 1 Stängel Dill
- 1 TL Öl, z. B. Olivenöl
- 1 EL Essig, z. B. Balsamico bianco
- 1 Prise Zucker oder Süßungsmittel (nach Belieben)
- Salz
- Pfeffer

1. Gemüse waschen und putzen. Tomaten vierteln, restliches Gemüse in kleine Stücke schneiden und alles in eine Schüssel füllen.
2. Feta abtropfen lassen und in den Salat bröckeln.
3. Kräuter waschen, trocken schütteln. Basilikumblätter abzupfen und in kleine Stücke schneiden, Dill hacken und beides zum Salat geben.
4. Öl, Essig, Zucker, Salz und Pfeffer hinzufügen und alles gut durchmischen.

THUNFISCH-AVOCADO-SALAT

1 PORTION • ZUBEREITUNG: CA. 10 MIN.
PRO PORTION: 396 KCAL / 4,8 G KH / 20,9 G F / 40 G P

ZUTATEN:

½ kleine rote Zwiebel
80 g Salat, z. B. Rucola
60 g Avocado
150 g Thunfisch in eigenem Saft (aus der Dose)
1 TL Öl, z. B. Olivenöl
Saft von ½ Limette
Salz
Pfeffer

1. Zwiebel abziehen und in Scheiben schneiden.
2. Salat waschen, trocken schütteln und etwas kleiner zupfen.
3. Avocado schälen, entkernen und in Spalten schneiden.
4. Thunfisch abtropfen lassen und in Stücke zerteilen.
5. Alle vorbereiteten Zutaten auf einem Teller anrichten. Mit Öl und Limettensaft beträufeln und mit Salz und Pfeffer kräftig würzen.

SWEET

BULGURSALAT

1 PORTION • ZUBEREITUNG: CA. 25 MIN.
PRO PORTION: 436 KCAL / 52,3 G KH / 11,8 G F / 26,4 G P

ZUTATEN:

60 g Bulgur
150 g Salatgurke
4 Kirschtomaten
80 g fettreduzierter Feta
bunter Pfeffer
Salz
1 TL Öl, z. B. Olivenöl
Saft von ½ Zitrone

1. Bulgur laut Packungsangabe zubereiten.
2. Gemüse waschen, Gurke in dünne Scheiben schneiden, Tomaten vierteln.
3. Feta abtropfen lassen und in Würfel schneiden. Die vorbereiteten Zutaten in einer Schüssel mit dem Bulgur vermischen. Mit buntem Pfeffer, Salz, Olivenöl und Zitronensaft würzen.

LACHS AUF BUNTEM FRÜHLINGSSALAT

1 PORTION • ZUBEREITUNG: CA. 15 MIN.
PRO PORTION: 477 KCAL / 12,8 G KH / 33,6 G F / 29,3 G P

ZUTATEN:

- 125 g Lachsfilet
- Salz
- Pfeffer
- 1 TL Öl, z. B. Olivenöl
- 100 g gemischter Salat, z. B. Rucola, Blattspinat, Radicchio
- ½ rote Zwiebel
- ½ orange Paprikaschote
- 60 g Salatgurke
- 5 Kirschtomaten
- 60 g Avocado
- 1 EL Apfelessig
- einige Spritzer Zitronensaft
- 2 Stängel frisches Basilikum
- 1 TL weißer ungeschälter Sesam

1. Lachsfilet säubern, von beiden Seiten salzen und pfeffern.
2. Olivenöl in einer Pfanne erhitzen und das Lachsfilet darin von beiden Seiten anbraten und dann bei mittlerer Hitze in ca. 5 Min. fertig garen. Danach Pfanne vom Herd nehmen.
3. Währenddessen den Salat waschen. Zwiebel abziehen, halbieren und in Scheiben schneiden. Restliches Gemüse waschen und putzen. Paprika in dünne Streifen schneiden und nochmals halbieren. Gurke in Scheiben schneiden und Kirschtomaten vierteln.
4. Avocado schälen, entkernen, in Scheiben schneiden und nochmals vierteln.
5. Salat und Gemüse auf einen Teller geben, das Lachsfilet in Stücke zerkleinern und hinzufügen.
6. Alles mit Apfelessig und Zitronensaft beträufeln und mit Salz und Pfeffer würzen. Gut vermischen.
7. Basilikum waschen, trocken schütteln, Blätter abzupfen und auf dem Salat verteilen.
8. Mit Sesam garnieren.

KOHLRABI-KAROTTEN-ROHKOSTSALAT

2 PORTIONEN • ZUBEREITUNG: CA. 15 MIN.
PRO PORTION: 321 KCAL / 15,7 G KH / 21,2 G F / 12,2 G P

ZUTATEN:

- 50 g Erdnüsse, frisch
- 1 Kohlrabi (ca. 300 g)
- 1–2 Karotten (ca. 200 g)
- 100 g Sauerrahm
- 2 EL Essig
- 1 Prise Zucker bzw. Süßungsmittel nach Belieben
- Kräutersalz
- Pfeffer

1. Erdnüsse in einer Pfanne ohne Öl bei mittlerer Hitze rösten, bis sie leicht braun sind.
2. Kohlrabi und Karotten putzen, schälen, fein raspeln und in eine Schüssel füllen.
3. Sauerrahm, Essig, Zucker, Kräutersalz und Pfeffer zu einem Dressing vermischen.
4. Erdnüsse und Dressing zum Salat geben und alles gut durchmischen.

TIPP: Mit frischer Minze servieren.

Nudeln

PASTA PRIMAVERA

2 PORTIONEN • ZUBEREITUNG: CA. 20 MIN.
PRO PORTION: 403 KCAL / 48,9 G KH / 17,5 G F / 10,3 G P

ZUTATEN:

- 100 g Paprikaschoten, z. B. rot und gelb
- 100 g Zucchini
- 120 g Nudeln, z. B. Mini-Farfalle (Garzeit ca. 10 Min.)*
- 350 ml Brühe, z. B. Gemüsebrühe
- 100 ml Sahne oder Kochsahne (7 % Fett)
- 1 EL Schmelzkäse
- Salz
- Pfeffer
- frische Kräuter nach Belieben

1. Paprika waschen, entkernen und in kleine Stücke oder Streifen schneiden.
2. Zucchini waschen, abtrocknen und in feine Streifen schneiden oder hobeln.
3. Alle Zutaten bis auf den Schmelzkäse in einen Topf geben.
4. Erst aufkochen lassen, dann je nach Garzeit der Nudeln in ca. 10–12 Min. auf mittlerer Stufe fertig kochen, gelegentlich umrühren.
5. Anschließend den Schmelzkäse unterrühren und mit Salz und Pfeffer abschmecken. Nach Belieben mit Kräutern garnieren.

TIPP: Die Paprika-Zucchini-Kombi kann man auch durch Tomate und Zucchini oder Blumenkohl und Brokkoli ersetzen.

* Garzeit und Saugfähigkeit der Nudeln können je nach Sorte variieren (bei Bedarf etwas mehr Brühe hinzufügen).

NUDELN IN RAHM-CHAMPIGNON-SOSSE

2 PORTIONEN • ZUBEREITUNG: CA. 20 MIN.
PRO PORTION: 439 KCAL / 48 G KH / 22,1 G F / 10,8 G P

ZUTATEN:

- 1–2 Stängel Petersilie
- ½ Zwiebel oder 1 Schalotte
- 1 TL Butter
- 125 g Champignons
- 250 ml Brühe, z. B. Gemüsebrühe
- 100 ml süße Sahne
- 125 g Nudeln, z. B. Penne oder Bandnudeln (Garzeit ca. 10 Min.)*
- Salz
- Pfeffer

TIPP: Anstatt frischer Champignons kann man auch Champignonscheiben aus der Dose verwenden.

1. Petersilie waschen, trocken schütteln, Zwiebel abziehen und alles klein hacken. Zusammen mit der Butter in einen Topf geben und kurz andünsten.
2. Champignons putzen, in Scheiben schneiden, in den Topf geben und ca. 5 Min. mitdünsten.
3. Dann Gemüsebrühe, Sahne und Nudeln hinzufügen.
4. Je nach Garzeit der Nudeln in ca. 10–12 Min. auf mittlerer Stufe fertig kochen, gelegentlich umrühren und dann mit Salz und Pfeffer abschmecken.

* Garzeit und Saugfähigkeit der Nudeln können je nach Sorte variieren (bei Bedarf etwas mehr Brühe hinzufügen).

SPAGHETTI MIT TOMATENSOSSE

2 PORTIONEN • ZUBEREITUNG: CA. 20 MIN.
PRO PORTION: 389 KCAL / 69,9 G KH / 7,1 G F / 11,8 G P

ZUTATEN:

- 1 Schalotte oder ½ Zwiebel
- 1 EL Öl, z. B. Olivenöl
- 250 g gehackte Tomaten (aus der Dose)
- 300 ml Gemüsebrühe
- Salz
- Pfeffer
- getr. Oregano nach Belieben
- 170 g Spaghetti (Garzeit ca. 7–8 Min.)*

1. Schalotte abziehen und klein hacken.
2. Öl in einen Topf geben und Schalotte kurz andünsten.
3. Tomaten, Brühe, Salz, Pfeffer und Oregano hinzufügen und aufkochen lassen.
4. Spaghetti in der Mitte durchbrechen und in den Topf geben. So lange umrühren, bis die Spaghetti komplett in der Soße liegen. Danach ca. 10 Min. je nach Garzeit des Produkts auf niedriger Stufe fertig kochen, gelegentlich umrühren.
5. Mit Gewürzen abschmecken und servieren.

* Garzeit und Saugfähigkeit der Spaghetti können je nach Sorte variieren (bei Bedarf etwas mehr Brühe hinzufügen).

TIPPS: Nach Belieben kann man noch 5 Cherrytomaten vierteln und mitköcheln lassen.
Gibt man etwa 100 g Hackfleisch und 50 ml Brühe hinzu, wird daraus ein leckeres Spaghetti-bolognese-Gericht aus einem Topf.

HÄHNCHEN-ORZO-PASTA

2 PORTIONEN • ZUBEREITUNG: CA. 25 MIN.
PRO PORTION: 406 KCAL / 41 G KH / 10,9 G F / 34,6G P

ZUTATEN:

200 g Hähnchenfilet
Paprikapulver edelsüß
Salz
Pfeffer
1 EL Olivenöl
2 EL Tomatenmark
1 Knoblauchzehe
100 g Orzo-Nudeln (Garzeit ca. 10 Min.)*
½ TL Brühepulver, z. B. Geflügelbrühe
½ rote Paprikaschote
1 TL Kurkuma
1 Stängel Petersilie
50 g Feta

1. Hähnchenfilet abspülen, trocken tupfen, in Stücke schneiden, mit Paprikapulver sowie Salz und Pfeffer würzen.
2. Olivenöl und Tomatenmark in einer Pfanne erhitzen.
3. Knoblauchzehe abziehen und fein hacken. Mit Tomatenmark und Hähnchen 2–3 Min. scharf anbraten.
4. Nudeln in die Pfanne geben, ca. 1 Min. kurz anschwitzen, mit 150 ml Wasser ablöschen. Brühepulver hinzufügen, aufkochen lassen.
5. Währenddessen Paprika waschen, entkernen, in dünne Streifen schneiden, in die Pfanne geben.
6. Hitze reduzieren, 10–12 Min. köcheln lassen, bis die Pasta die komplette Flüssigkeit aufgenommen hat. Dabei gelegentlich umrühren. Bei Bedarf Wasser nachgießen.
7. Mit Kurkuma und Salz abschmecken.
8. Petersilie waschen, Blätter abzupfen. Mit zerbröseltem Feta und Petersilie garnieren.

* Garzeit und Saugfähigkeit der Nudeln können je nach Sorte variieren (bei Bedarf etwas mehr Brühe hinzufügen).

TIPPS: Orzo-Pasta sind kleine Nudeln in Reisgröße, die häufig in der griechischen Küche verwendet werden. Sie sind auch als Kritharáki, Risoni oder Risi bekannt.
Die Orzo-Pasta kann man in diesem Gericht auch durch 125 g Reis ersetzen, die Paprika durch Cherrytomaten, Zucchini oder Erbsen.

GNOCCHI MIT SPINATSOSSE

2 PORTIONEN • ZUBEREITUNG: CA. 25 MIN.
PRO PORTION: 410 KCAL / 35,8 G KH / 22,4 G F / 15,1 G P

ZUTATEN:

- 1 EL Olivenöl
- 1 Knoblauchzehe
- 100 g gewürfelter Bauchspeck
- 200 g Gnocchi (aus dem Kühlregal)
- 250 ml Gemüsebrühe
- 250 g TK-Rahmspinat
- Salz
- Pfeffer
- 1 Stängel Basilikum (optional)

1. Olivenöl in einem Topf erhitzen.
2. Knoblauchzehe abziehen, fein hacken und zusammen mit dem Speck kurz anbraten. Einen Teil des Specks für die Garnitur zurücklegen.
3. Gnocchi hinzufügen und 1–2 Min. anbraten.
4. Gemüsebrühe und Rahmspinat beimengen. Zugedeckt bei schwacher Hitze auftauen lassen, mehrmals umrühren. So lange einköcheln lassen (ca. 6–8 Min.), bis eine dünnflüssige Spinatsoße entsteht. Bei Bedarf Wasser nachgießen.
5. Mit Salz und Pfeffer abschmecken.
6. Basilikum waschen, trocken schütteln, Blätter abzupfen. Gnocchi mit Basilikumblättern und restlichem Speck servieren.

TIPP: Anstatt Bauchspeck kann man gewürfelten Schinken verwenden.

BUNTE ORZO-PASTA

2 PORTIONEN • ZUBEREITUNG: CA. 20 MIN.
PRO PORTION: 390 KCAL / 51 G KH / 11,9 G F / 16,8 G P

ZUTATEN:

- 1 EL Olivenöl
- 150 g frischer Brokkoli
- 100 g dünner grüner Spargel
- 250 g Kirschtomaten
- 110 g Orzo-Nudeln (Garzeit ca. 10 Min.)*
- 50 g TK-Erbsen
- 100 ml Kochsahne oder süße Sahne
- Salz
- Pfeffer
- 20 g geriebener Parmesan

1. Olivenöl in einem Topf erhitzen.
2. Währenddessen Gemüse waschen. Brokkoli in Röschen und Spargel in Stücke schneiden, Kirschtomaten vierteln.
3. Orzo-Nudeln ca. 1 Min. kurz im Öl anschwitzen, mit 165 ml Wasser ablöschen.
4. Brokkoli, Spargel und Erbsen hinzufügen, 8–10 Min. zugedeckt köcheln lassen.
5. Sahne beimengen, weitere 2 Min. einköcheln lassen.
6. Mit Salz und Pfeffer abschmecken und mit den Kirschtomaten garnieren. Parmesan darüberstreuen.

* Garzeit und Saugfähigkeit der Nudeln können je nach Sorte variieren (bei Bedarf etwas mehr Brühe hinzufügen).

TIPPS: Orzo-Pasta sind kleine Nudeln in Reisgröße, die häufig in der griechischen Küche verwendet werden. Sie sind auch als Kritharáki, Risoni oder Risi bekannt und aufgrund Größe und Geschmack bei Kindern sehr beliebt.
Die Orzo-Pasta lässt sich in diesem Gericht auch durch 125 g Reis ersetzen.
Anstatt Brokkoli, Spargel und Erbsen kann man 300 g Zucchini oder eine Kombi aus 150 g Brokkoli und 150 g Blumenkohl verwenden.

BUNTER SPAGHETTITOPF

2 PORTIONEN • ZUBEREITUNG: CA. 25 MIN.
PRO PORTION: 337 KCAL / 60,6 G KH / 4,8 G F / 11,5 G P

ZUTATEN:

1 Stängel Basilikum
450 g Cherrytomaten
1 kleine rote Zwiebel
¼ braune Zwiebel
350–500 ml Gemüsebrühe
150 g Spaghetti (Garzeit ca. 10 Min.)*
1 EL Tomatenmark
1 TL getr. Basilikum
Salz
Pfeffer
½ EL Olivenöl

1. Basilikum waschen, trocken schütteln und die Blätter abzupfen.
2. Cherrytomaten waschen und vierteln.
3. Zwiebeln abziehen, die rote Zwiebel vierteln, braune Zwiebel in kleine Ringe oder Würfel schneiden.
4. 350 ml Gemüsebrühe mit allen Zutaten bis auf das Olivenöl in einen Topf geben, kurz aufkochen lassen und dann halb zugedeckt ca. 10 Min. köcheln lassen, dabei gelegentlich umrühren und bei Bedarf Brühe nachgießen.
5. Die Pasta sollte die Flüssigkeit nahezu ganz aufgenommen haben. Von der Kochstelle nehmen und weitere 5 Min. halb zugedeckt ziehen lassen.
6. Eventuell noch mit Salz und Pfeffer abschmecken und mit Olivenöl beträufeln.

TIPPS: Dazu schmeckt geriebener Parmesan. Für eine fruchtige Soße ca. 100 g passierte Tomaten hinzufügen.

* Garzeit und Saugfähigkeit der Nudeln können je nach Sorte variieren (bei Bedarf etwas mehr Brühe hinzufügen).

Mit Fleisch

DUNKLES CHILI MIT AVOCADO

2 PORTIONEN • ZUBEREITUNG: CA. 30 MIN.
PRO PORTION: 536 KCAL / 49,1 G KH / 20,1 G F / 34,3 G P

ZUTATEN:

- 1 Zwiebel
- 1 TL Öl, z. B. Olivenöl
- 1 EL Tomatenmark
- 150 g Hackfleisch, z. B. vom Rind
- 400 g gehackte Tomaten (aus der Dose)
- 100 ml Fleischbrühe
- Salz
- Pfeffer
- getr. Oregano
- Cayennepfeffer
- 255 g Kidneybohnen (aus der Dose)
- 220 g schwarze Bohnen (aus der Dose)
- edelsüßes und rosenscharfes Paprikapulver
- Chilipulver
- Tabasco-Soße
- ½ Avocado

1. Zwiebel abziehen und klein hacken.
2. Öl in einen Topf geben und Zwiebel mit dem Tomatenmark darin andünsten.
3. Hackfleisch hinzufügen und in ca. 3 Min. krümelig braten.
4. Gehackte Tomaten, Fleischbrühe, Salz, Pfeffer, Oregano und Cayennepfeffer einrühren und alles ca. 15 Min. bei mittlerer Hitze köcheln lassen.
5. Bohnen in ein Sieb geben, mit Wasser durchspülen, dann abtropfen lassen.
6. Bohnen in den Topf hinzugeben und Chili nach Belieben mit Paprika-, Chilipulver und Tabasco-Soße würzen. In ca. 5 Min. bei niedriger Hitze fertig kochen.
7. Avocado entkernen und das Fruchtfleisch mit einem Löffel herauslösen und in Stücke schneiden.
8. Chili auf 2 Schüsseln verteilen und jeweils mit Avocadostücken belegen.

CURRY-KOKOS-PFANNE

1 PORTION • ZUBEREITUNG: CA. 15 MIN.
PRO PORTION: 432 KCAL / 14,3 G KH / 26,6 G F / 31,1 G P

ZUTATEN:

- 160 g rote Paprika
- 100 g grüne Paprika
- 200 g Zucchini
- 250 g Hähnchenbrustfilets
- 1 EL Öl
- 5 g Ingwer (oder etwas Ingwerpulver, optional)
- 160 ml Kokosmilch
- 1 TL gelbe Currypaste (oder 1 EL Currypulver)
- Salz
- Pfeffer

1. Paprika und Zucchini putzen, waschen und in Würfel schneiden.
2. Hähnchenbrustfilets in Streifen schneiden.
3. Öl in einer Pfanne erhitzen, Gemüse und Fleisch darin anbraten.
4. Ingwer schälen, fein hacken, zusammen mit der Kokosmilch und der Currypaste in die Pfanne geben. Circa 10 Min. am besten mit geschlossenem Deckel fertig köcheln lassen.
5. Mit Salz und Pfeffer abschmecken.

TIPP: Mit frischer Petersilie servieren.

HÄHNCHEN IN TOMATENSOSSE AUF BULGUR

1 PORTION • ZUBEREITUNG: CA. 25 MIN.
PRO PORTION: 443 KCAL / 48,8 G KH / 7,2 G F / 43,4 G P

ZUTATEN:

60 g Bulgur
½–1 TL getr. Kräuter, z. B. Basilikum
Salz
Pfeffer
1 Schalotte
1 TL Öl, z. B. Olivenöl
150 g Hähnchenbrustfilet
120 g passierte Tomaten (aus der Dose)

1. Bulgur laut Packungsangabe zubereiten.
2. Mit Kräutern, Salz und Pfeffer abschmecken.
3. Schalotte abziehen und fein würfeln.
4. Öl in einer Pfanne erhitzen und die Schalotte darin bei mittlerer Hitze glasig anschwitzen.
5. Hähnchenbrust säubern, in mundgerechte Stücke schneiden, mit Salz und Pfeffer würzen. Dann in die Pfanne geben und ca. 5 Min. von allen Seiten anbraten.
6. Passierte Tomaten einrühren und alles ca. 5 Min. köcheln lassen. Mit Salz und Pfeffer abschmecken.
7. Bulgur mit Hähnchen in Tomatensoße servieren.

RINDFLEISCH-FAJITAS-PFANNE

1 PORTION • ZUBEREITUNG: CA. 20 MIN.
PRO PORTION: 438 KCAL / 24,2 G KH / 20,1 G F / 35,5 G P

ZUTATEN:
150 g Rindersteak
Salz
Pfeffer
1 EL Öl, z. B. Olivenöl
1 rote Zwiebel
1 gelbe Paprikaschote
1 grüne Paprikaschote
1 rote Paprikaschote
2 EL Limettensaft

1. Rindersteak abwaschen, mit Küchenpapier trocken tupfen, mit Salz und Pfeffer würzen.
2. ½ EL Öl in eine Pfanne geben und das Fleisch darin von beiden Seiten scharf anbraten, dann aus der Pfanne nehmen.
3. Zwiebel abziehen und in Scheiben schneiden.
4. Paprikaschoten putzen, waschen und in Streifen schneiden.
5. Restliches Öl in einer Pfanne erhitzen. Zwiebel- und Paprikastreifen darin ca. 5 Min. dünsten.
6. Fleisch in Streifen schneiden und zur Zwiebel-Paprika-Mischung in die Pfanne geben. Weitere 3 Min. garen.
7. Mit Salz, Pfeffer und Limettensaft abschmecken.

CURRY-HÄHNCHEN-REIS

2 PORTIONEN • ZUBEREITUNG: CA. 30 MIN.
PRO PORTION: 352 KCAL / 51,5 G KH / 8,3 G F / 16,3 G P

ZUTATEN:

- 90 g Hähnchenbrust
- 50 g Paprikaschote
- 100 g Karotten
- 1 TL Butter
- 350 ml Gemüsebrühe
- 1 EL Currypulver
- 125 g Reis (Garzeit ca. 10 Min.)*
- Salz
- Pfeffer

1. Hähnchenbrust abwaschen, trocken tupfen und in Würfel schneiden.
2. Paprika waschen und entkernen, Karotten waschen und schälen, dann alles in kleine Gemüsestifte oder -würfel schneiden.
3. Butter in einen Topf geben und erhitzen. Hähnchenbrust darin anbraten.
4. Dann Gemüsestücke hinzufügen und ca. 3 Min. mitdünsten.
5. Gemüsebrühe und Curry hinzufügen und aufkochen lassen.
6. Reis hineingeben und unter gelegentlichem Umrühren je nach Garzeit des Produkts ca. 10–12 Min. bei mittlerer Hitze fertig garen.
7. Mit Salz und Pfeffer abschmecken.

TIPP: Statt der Kombi Paprika/Karotte schmeckt auch Paprika/Mais, Karotte/Erbsen oder Zucchini/Tomate.

* Die Garzeit von Reis kann produktabhängig variieren. Überprüfen Sie zwischendurch beim Umrühren die Konsistenz und gießen Sie bei Bedarf etwas Brühe hinzu. Bitte beachten: Der Reis quillt auch noch nach.

PUTEN-FETA-SPIESSE

2 PORTIONEN • ZUBEREITUNG: CA. 15 MIN.
PRO PORTION: 423 KCAL / 7,4 G KH / 21 G F / 50 G P

ZUTATEN:

- 150 g Putenbrust
- 150 g Feta (oder Schafskäse)
- 1 Zucchini
- 1 Paprika (gelb oder rot)
- 8 Cherrytomaten
- 1 EL Öl
- Holzspieße

1. Putenbrust abwaschen, mit Küchenpapier trocken tupfen und ebenso wie den Feta in grobe Würfel schneiden.
2. Gemüse waschen, putzen und abtrocknen. Zucchini und Paprika in passende Stücke schneiden.
3. Alle Zutaten abwechselnd auf Holzspieße stecken.
4. Öl in eine Pfanne geben und die Spieße darin 8–10 Min. braten.

TIPP: Mit Dip nach Wahl z. B. Paprika-Quark-Dip (S. 118) servieren.

PAPRIKA-PUTEN-TOPF

2 PORTIONEN • ZUBEREITUNG: CA. 25 MIN.
PRO PORTION: 408 KCAL / 15,9 G KH / 18,1 G F / 42,5 G P

ZUTATEN:

300 g Putengeschnetzeltes
1 rote Paprikaschote
1 gelbe Paprikaschote
1 Zwiebel
5 Stängel Petersilie
1 EL Öl
100 ml Gemüsebrühe
Salz
Pfeffer
Paprikapulver edelsüß
100 g Schmand
2 EL geriebener Parmesan

1. Putengeschnetzeltes kurz durchspülen und abtropfen lassen.
2. Paprikaschoten waschen, entkernen und in Streifen schneiden.
3. Zwiebel abziehen und in Würfel schneiden.
4. Petersilie waschen, trocken schütteln und hacken.
5. Öl in Pfanne erhitzen, Putengeschnetzeltes und Zwiebeln anbraten.
6. Mit Gemüsebrühe ablöschen, mit Salz, Pfeffer und Paprika würzen.
7. Zugedeckt ca. 10–15 Min. fertig kochen.
8. Herd ausstellen und den Schmand einrühren (nicht mehr kochen lassen), den Parmesan unterheben, evtl. noch mal mit Salz und Pfeffer abschmecken.

BIFTEKI

4 PORTIONEN • ZUBEREITUNG: CA. 15 MIN.
PRO PORTION: 418 KCAL / 1,4 G KH / 29,8 G F / 67,7 G P

ZUTATEN:

3 Stängel frische Petersilie (oder 1 TL TK-Petersilie bzw. ½ TL getr. Petersilie)
500 g Hackfleisch
2 Eier
Salz
Pfeffer
150 g Feta
1–2 EL Öl

1. Petersilie waschen, trocken schütteln und fein hacken.
2. Hackfleisch, Eier und Petersilie in einer Schüssel gut vermischen. Mit Salz und Pfeffer würzen.
3. Feta an der kurzen Seite in ca. 1 ½ cm dicke Streifen schneiden.
4. Die Fetastreifen jeweils mit Hackfleisch ummanteln.
5. Öl in einer Pfanne erhitzen und Bifteki von allen Seiten scharf anbraten und danach bei mittlerer Stufe etwa 5–8 Min. durchbraten.

TIPP: Man kann die Bifteki-Röllchen als perfekten Partysnack oder zum Dippen auch auf Holzspieße stecken. Dazu passt z. B. aufgeschnittenes Gemüse wie Tomate oder Gurke sowie ein Salat oder ein Quark- oder Tomaten-Dip.

MIT SPINAT UND MOZZARELLA GEFÜLLTE PUTENRÖLLCHEN

4 PORTIONEN • ZUBEREITUNG: CA. 15 MIN.
PRO PORTION: 327 KCAL / 2,8 G KH / 15,8 G F / 43,1 G P

ZUTATEN:

6 Putenschnitzel
Salz
Pfeffer
500 g Spinat, frisch oder TK, aufgetaut
1 Kugel Mozzarella (ca. 125 g)
1 EL Öl
Zahnstocher oder Holzspieße

1. Putenschnitzel waschen, mit Küchenpapier trocken tupfen und mit Salz und Pfeffer würzen.
2. Spinat waschen, verlesen, abtropfen lassen und hacken.
3. Gehackten Spinat auf den gewürzten Putenschnitzeln verteilen.
4. Mozzarella in dünne Scheiben schneiden und auf die mit Spinat belegten Putenschnitzel legen.
5. Die Putenschnitzel fest zusammenrollen und mit Zahnstochern fixieren.
6. Öl in die Pfanne geben und die Putenröllchen von allen Seiten gut anbraten. Bei mittlerer Hitze und geschlossenem Deckel 6–8 Min. garen, evtl. 1–2 EL Wasser in die Pfanne geben, damit die Röllchen nicht anbrennen.

HÄHNCHEN-BRUSCHETTA

2 PORTIONEN • ZUBEREITUNG: CA. 15 MIN.
PRO PORTION: 350 KCAL / 4,7 G KH / 12,6 G F / 53,6 G P

ZUTATEN:

400 g Hähnchenbrust
Salz
Pfeffer
1 EL + 1 TL Öl
1 Zwiebel
1 Knoblauchzehe
2 Tomaten
etwas getr. Oregano
½ Kugel Mozzarella

1. Hähnchenbrust abspülen und mit Küchenpapier trocken tupfen. Mit Salz und Pfeffer würzen.
2. 1 EL Öl in einer Pfanne erhitzen, die Hähnchenbrust darin scharf anbraten und dann bei mittlerer Hitze ca. 10 Min. durchgaren.
3. In der Zwischenzeit Zwiebel und Knoblauch abziehen, die Tomaten waschen. Alles zusammen in kleine Würfel schneiden. Mit Salz, Pfeffer, etwas Oregano und 1 TL Öl in einer Schüssel vermischen.
4. Sobald die Hähnchenbrust durchgegart ist, die marinierte Tomatenmasse darauf verteilen.
5. Mozzarella in Scheiben schneiden, vierteln und die Hähnchen-Bruschetta damit belegen.
6. Herd ausschalten, evtl. einen Deckel auf die Pfanne geben und alles noch 1–2 Min. durchziehen lassen.

TIPP: Mit Oregano bestreut servieren.

FRIKADELLENBURGER MIT TOMATE UND MOZZARELLA

2 PORTIONEN • ZUBEREITUNG: CA. 15 MIN.
PRO PORTION: 566 KCAL / 4,4 G KH / 39,3 G F / 45,3 G P

ZUTATEN:

- 250 g Hackfleisch
- Salz
- Pfeffer
- 1 Ei
- 1 EL Öl, z. B. Olivenöl
- 2 Tomaten
- 1 Kugel Mozzarella (ca. 125 g)
- 100 g Frischkäse (fettreduziert)
- 15 g Tomatenmark
- 1 EL italienische Kräuter (TK oder 1 TL getr.)
- Zahnstocher oder Holzspieße

1. Hackfleisch in eine Schüssel geben und mit Salz und Pfeffer würzen.
2. Ei dazugeben und mit den Händen gut verkneten. Aus der Masse 4 Frikadellen formen.
3. Öl in einer Pfanne erhitzen und Frikadellen darin 10 Min. durchbraten.
4. In der Zwischenzeit Tomaten waschen und abtrocknen, Mozzarella abtropfen lassen und beides in Scheiben schneiden.
5. Frischkäse in einer Schüssel mit Tomatenmark und den Kräutern mischen.
6. Frikadellen aus der Pfanne nehmen und quer halbieren.
7. 4 Frikadellenhälften mit dem Tomatenfrischkäse bestreichen. Danach mit Tomaten- und Mozzarellascheiben belegen und die restlichen Frikadellenhälften als Deckel obenauf setzen.
8. Zur Befestigung jeweils 1 Holzstäbchen in einen Frikadellenburger stecken.

TIPP: Mit frischen Basilikumblättern servieren.

HÄHNCHEN-BROKKOLI-PFANNE

2 PORTIONEN • ZUBEREITUNG: CA. 25 MIN.
PRO PORTION: 401 KCAL / 10,9 G KH / 17,2 G F / 48,6 G P

ZUTATEN:

- 300 g Hähnchenbrustfilet
- 200 ml Brühe, z. B. Geflügelbrühe
- 2 EL Sojasoße
- 1 TL flüssiger Honig
- 2 EL Öl, z. B. Sesamöl
- 1 Knoblauchzehe
- 1 kleine Zwiebel
- 300 g Brokkoli
- 1 kleine rote Paprikaschote

1. Hähnchenbrustfilet waschen und mit Küchenpapier trocken tupfen, dann in kleinere Stücke schneiden.
2. Brühe, Sojasoße, Honig und 1 EL Öl in eine Schüssel geben und verrühren. Knoblauch schälen, hinzupressen und alles gut vermengen.
3. Zwiebel abziehen und klein hacken.
4. 1 EL Öl in eine Pfanne geben, Hähnchenfleisch und Zwiebel darin gut anbraten.
5. Währenddessen Brokkoli putzen, waschen und in kleine Röschen schneiden.
6. Paprika putzen, waschen und in Streifen schneiden.
7. Brokkoli und Paprika in die Pfanne geben und ca. 5 Min. bei mittlerer Hitze mitdünsten.
8. Mit der vorbereiteten Soße ablöschen und alles bei mittlerer Hitze ca. 10 Min. weiterköcheln lassen, bis das Gemüse bissfest gegart ist.

BUNTER COUSCOUS-TOPF

2 PORTIONEN • ZUBEREITUNG: CA. 25 MIN.
PRO PORTION: 373 KCAL / 43 G KH / 6,6 G F / 31,9 G P

ZUTATEN:

1 EL Olivenöl
1 Schalotte oder ½ Zwiebel
200 g Hähnchenfilet
100 g Zucchini
75 g Aubergine
½ rote und ½ gelbe Paprikaschote
200 ml Brühe, z. B. Geflügelbrühe
100 g Couscous
Salz
(bunter) Pfeffer
1 Stängel Petersilie

1. Olivenöl in einem Topf erhitzen.
2. Währenddessen Schalotte abziehen und in kleine Würfel schneiden.
3. Hähnchenfilet abspülen, trocken tupfen und in mundgerechte Stücke zerteilen, salzen und pfeffern.
4. Gemüse waschen und in Würfel schneiden.
5. Schalottenstücke glasig anschwitzen. Hähnchen und Gemüse hinzufügen, 2–3 Min. scharf anbraten.
6. Mit Brühe aufgießen und aufkochen. 5 Min. köcheln lassen. Vom Herd nehmen, Couscous einrühren und ca. 5 Min. ausquellen lassen.
7. Mit Salz und Pfeffer abschmecken.
8. Petersilie waschen, trocken schütteln und Couscous damit garnieren.

TIPP: Der Couscous-Topf lässt sich beliebig mit Gemüse nach Wahl variieren, wie Tomate, Brokkoli oder Paprika.

SCHNELLES RAHMGESCHNETZELTES

2 PORTIONEN • ZUBEREITUNG: CA. 15 MIN.
PRO PORTION: 519 KCAL / 7,5 G KH / 38,5 G F / 34,5 G P

ZUTATEN:

- 1 Zwiebel
- 300 g Champignons
- 1 EL Öl, z. B. Olivenöl
- 250 g Putengeschnetzeltes (oder Schweinegeschnetzeltes)
- 200 ml Sahne
- ½ TL Gemüsebrühepulver
- Salz
- Pfeffer

1. Zwiebel abziehen und hacken.
2. Champignons putzen und vierteln oder in Scheiben schneiden.
3. Öl in eine Pfanne geben, Zwiebel Fleisch (evtl. noch etwas kleiner zuschneiden, da es dadurch schneller gart) und Champignons darin scharf anbraten.
4. Mit Sahne und 150 ml Wasser ablöschen.
5. Gemüsebrühepulver, Salz und Pfeffer hinzufügen und 10 Min. köcheln lassen. Falls die Soße zu dick wird, noch etwas Wasser hinzufügen.

TIPP: Mit frischer Petersilie garnieren.

HACKBÄLLCHEN IN FRUCHTIGER TOMATENSOSSE

2 PORTIONEN • ZUBEREITUNG: CA. 15 MIN.
PRO PORTION: 465 KCAL / 9,9 G KH / 62,4 G F / 34,1 G P

ZUTATEN:

- 1 Zwiebel
- ½ Bund frische Petersilie (oder 2 EL TK-Petersilie bzw. 1 EL getr. Petersilie)
- 300 g Hackfleisch (Rind, Schwein)
- 1 Ei
- 1 TL Senf
- 1 EL Tomatenmark
- Salz
- Pfeffer
- 1 EL Öl
- 400 g stückige Tomaten (aus der Dose)
- 1 TL Gemüsebrühepulver

1. Zwiebel abziehen und hacken.
2. Petersilie waschen, trocken schütteln und hacken.
3. Die Hälfte der gehackten Zwiebel, 1 EL gehackte Petersilie mit Hackfleisch, Ei, Senf, Tomatenmark und Salz und Pfeffer in einer Schüssel gut verkneten und aus der Masse kleine Bällchen formen. (Je kleiner die Bällchen, desto schneller sind sie gar.)
4. Öl in einer Pfanne erhitzen und die Bällchen darin rundherum anbraten.
5. Tomaten, die restliche gehackte Zwiebel, die Hälfte der restlichen Petersilie und das Gemüsebrühepulver in die Pfanne geben und am besten mit aufgesetztem Deckel 6–8 Min. köcheln lassen. Mit Salz und Pfeffer abschmecken.
6. Mit der übrig gebliebenen Petersilie garnieren.

RAHMPFIFFERLINGE MIT HÄHNCHENGESCHNETZELTEM

2 PORTIONEN • ZUBEREITUNG: CA. 30 MIN.
PRO PORTION: 313 KCAL / 3,2 G KH / 16 G F / 38,1 G P

ZUTATEN:

200 g Pfifferlinge
50 g Lauch
1 Zwiebel
1 EL Öl
300 g Hähnchenbrust
½ Bund Petersilie
100 ml Gemüsebrühe + evtl. noch etwas Brühe zum Nachgießen
Salz
Pfeffer
50 g Schmand

1. Pfifferlinge säubern und die Enden abschneiden.
2. Lauch waschen, abziehen und in kleine Röllchen schneiden.
3. Zwiebel abziehen und in Würfel schneiden.
4. Hähnchenbrust waschen, trocken tupfen und in feine Scheiben schneiden.
5. Petersilie waschen, trocken schütteln und hacken.
6. Öl in einer Pfanne erhitzen, Hähnchenbruststreifen und Zwiebel scharf anbraten.
7. Pfifferlinge und Lauch dazugeben und kurz weiterrösten.
8. Mit Gemüsebrühe ablöschen, mit Salz und Pfeffer und der Hälfte der Petersilie vermischen.
9. Zugedeckt ca. 10–15 Min. fertig kochen.
10. Herd ausstellen und den Schmand einrühren (nicht mehr kochen lassen), evtl. noch mal mit Salz und Pfeffer abschmecken. Mit der restlichen gehackten Petersilie bestreuen.

Mit Fisch und Meeresfrüchten

COUSCOUS-SHRIMPS-POT

2 PORTIONEN • ZUBEREITUNG: CA. 25 MIN.
PRO PORTION: 308 KCAL / 30,8 G KH / 7,7 G F / 27,5 G P

ZUTATEN:

- 200 g TK-Shrimps
- Pfeffer
- 1 EL Olivenöl zum Anbraten
- 300 g frischer Brokkoli
- 300 g Cocktailtomaten
- 100 g frischer Blattspinat
- 1 TL Gemüsebrühepulver
- 1 TL Tomatenflocken (optional)
- 60 g Couscous (Trockengewicht)
- 160 g Speisequark
- 1 TL Tomatenmark
- ½ Chilischote
- 1 Prise Salz

1. Die Shrimps vollständig auftauen lassen, kurz durchspülen und abtropfen lassen. Danach mit Pfeffer würzen und mit etwas Olivenöl in einem Topf kross anbraten. In Alufolie aufbewahren.
2. Brokkoli, Tomaten und Spinat waschen. Den Brokkoli in Röschen teilen, die Tomaten halbieren.
3. 180 ml Wasser in einem großen Topf mit dem Gemüsebrühepulver mischen.
4. Brokkoli und Tomaten in den Topf dazugeben und mit Pfeffer sowie Tomatenflocken würzen.
5. Den Topf mit einem Deckel verschließen und bei mittlerer Hitze 5 Min. köcheln lassen. Dabei gelegentlich umrühren.
6. Den Spinat hinzufügen, unterrühren und ca. 1 Min. mitkochen, sodass er zusammenfällt.
7. Den Couscous dazugeben und kräftig umrühren. Den Deckel wieder auf den Topf setzen und 3–5 Min. ohne Hitze ziehen lassen.
8. Zum Schluss die Shrimps unterheben.

KABELJAU IN TOMATENSOSSE MIT OLIVEN UND KRÄUTERN

2 PORTIONEN • ZUBEREITUNG: CA. 30 MIN.
PRO PORTION: 437 KCAL / 15,6 G KH / 31,4 G F / 35 G P

ZUTATEN:

- 90 g schwarze Oliven (ohne Stein)
- 1 Fenchel
- 4 Stängel Petersilie
- 1 Stängel Rosmarin
- 1 Stängel Thymian
- 3 EL Olivenöl
- 100 g passierte Tomaten (aus der Dose)
- 150 g gehackte Tomaten (aus der Dose)
- 2 Kabeljaufilets (insgesamt etwa 350 g)
- Salz
- Pfeffer
- 1 EL Oregano (gerebelt)
- 1 Spritzer Zitrone

1. Backofen auf 180 °C Umluft vorheizen.
2. Oliven in kleine Scheiben schneiden.
3. Fenchel waschen und in dünne Streifen schneiden.
4. Petersilie, Rosmarin und Thymian waschen, trocken schütteln und fein hacken
5. Eine Auflaufform mit 1 EL Öl fetten. Fenchelscheiben, passierte und gehackte Tomaten, Olivenscheiben, Salz und Pfeffer in die Auflaufform geben.
6. Fischfilets säubern und auf dem Gemüse verteilen, mit Salz und Pfeffer würzen.
7. Gehackte frische Kräuter und Oregano auf den Fisch streuen und mit Olivenöl beträufeln.
8. 15–20 Min. im Ofen backen, bis der Fisch gar ist.
9. Zitronensaft über die Fischfilets träufeln und auf dem Gemüsebett servieren.

THUNFISCH-FRIKADELLEN

2 PORTIONEN • ZUBEREITUNG: CA. 20 MIN.
PRO PORTION: 409 KCAL / 12,5 G KH / 12,9 G F / 60,1 G P

ZUTATEN:

- 1 Frühlingszwiebel
- 300 g Thunfisch in eigenem Saft (aus der Dose)
- 2 EL Erbsen (aus der Dose)
- 2 EL Mais (aus der Dose)
- 1 Ei
- 2 EL Haferflocken, Paniermehl oder Mandelmehl
- 1 TL Tomatenmark
- Salz, Pfeffer
- 1 EL Öl, z. B. Olivenöl
- 200 g Magerquark
- 1 Schuss Mineralwasser
- 1 EL Schmand oder saure Sahne

1. Frühlingszwiebel putzen, waschen und in feine Röllchen schneiden.
2. Thunfisch abtropfen lassen und die Flüssigkeit noch etwas ausdrücken. Erbsen und Mais abtropfen lassen.
3. Frühlingszwiebel, Thunfisch, Ei, Haferflocken, Tomatenmark, Erbsen, Mais, Salz und Pfeffer in eine Schüssel geben. Mit angefeuchteten Händen die Masse gut vermengen und dann Frikadellen daraus formen (4–6 Stück). Falls die Masse zu feucht ist, noch etwas Haferflocken zugeben.
4. Öl in einer Pfanne erhitzen. Die Frikadellen darin in 5–8 Min. durchbraten, dabei einmal wenden.
5. Währenddessen Magerquark, Mineralwasser und Schmand in einer Schüssel cremig rühren und mit Salz und Pfeffer würzen.
6. Frikadellen mit der Soße als Dip servieren.

SHRIMPS-OMELETT

2 PORTIONEN • ZUBEREITUNG: CA. 20 MIN.
PRO PORTION: 251 KCAL / 5,1 G KH / 14,2 G F / 24,2 G P

ZUTATEN:

250 g Zucchini
100 g Garnelen (küchenfertig)
½ Bund Petersilie
4 Eier
4 EL Milch
Salz
Pfeffer
gem. Muskatnuss
1 TL Öl, z. B. Olivenöl

1. Zucchini putzen, waschen und reiben oder in kleine Würfel schneiden. Raspel oder Würfel am besten mithilfe eines Küchentuchs gut ausdrücken.
2. Garnelen in kleinere Stücke schneiden.
3. Petersilie waschen, trocken schütteln und hacken.
4. Eier, Milch, Salz, Pfeffer und Muskatnuss in einer Schüssel mit dem Schneebesen verquirlen.
5. Die restlichen vorbereiteten Zutaten hinzufügen und gut verrühren.
6. Öl in einer Pfanne erhitzen, Masse hineingießen und bei mittlerer Hitze stocken lassen. Mithilfe eines Tellers wenden und Omelett fertig backen.

LACHSFILET MIT AVOCADO-ERBSEN-PÜREE

2 PORTIONEN • ZUBEREITUNG: CA. 15 MIN.
PRO PORTION: 609 KCAL / 8,1 G KH / 43,8 G F / 32,5 G P

ZUTATEN:
- 2 Lachsfilets (ca. 250 g)
- 1 EL Öl, z. B. Oliven- oder Kokosöl
- 200 g TK-Erbsen
- 500 ml Gemüsebrühe
- 1 Avocado
- 1 Knoblauchzehe
- 1 TL Zitronensaft
- Salz
- Pfeffer

1. Lachsfilets abwaschen und mit Küchenpapier trocken tupfen.
2. Öl in einer Pfanne erhitzen und Lachsfilets von beiden Seiten scharf anbraten und dann noch ca. 8–10 Min. bei mittlerer Hitze durchgaren.
3. Währenddessen Erbsen 5 Min. in der Gemüsebrühe kochen und danach in einem Sieb abtropfen lassen. Eventuell noch ein paar Erbsen zum Servieren beiseite legen.
4. Avocado halbieren, entkernen, Fruchtfleisch mit einem Löffel aus der Schale lösen und in Stücke schneiden.
5. Knoblauchzehe schälen und pressen.
6. Avocado, Erbsen, Knoblauch und Zitronensaft mixen. Mit Salz und Pfeffer abschmecken.
7. Die Lachsfilets und das Püree auf 2 Teller verteilen, evtl. mit ein paar gekochten Erbsen garnieren und servieren.

TIPP: Mit frischer Minze servieren.

Öfter mal vegetarisch

SHAKSHUKA

2 PORTIONEN • ZUBEREITUNG: CA. 25 MIN.
PRO PORTION: 310 KCAL / 24,2 G KH / 13,6 G F / 17,5 G P

ZUTATEN:

3 frische Tomaten
1 kleine Zucchini
1 Zwiebel
1 rote Paprikaschote
1 gelbe Paprikaschote
1 EL Olivenöl
1 Dose Tomaten (ca. 400 g)
100 ml Gemüsebrühe
1 TL Paprikapulver
½ TL Kreuzkümmel
Salz
Pfeffer
evtl. etwas Chili
3 Eier
5 Stiele Petersilie

1. Gemüse waschen, trocken tupfen und in kleine Würfel schneiden.
2. Olivenöl in einer Pfanne erhitzen und die Gemüsewürfel kurz anbraten.
3. Dosentomaten und Gemüsebrühe hinzufügen und mit den Gewürzen abschmecken.
4. Circa 15 Min. zugedeckt köcheln lassen.
5. 3 Mulden in die Tomaten-Gemüse-Masse drücken und die Eier in die Mulden aufschlagen.
6. Den Deckel wieder aufsetzen und noch ca. 5 Min. köcheln lassen, bis das Eiweiß stockt, das Eigelb sollte noch flüssig sein (pochiert).
7. Petersilie waschen, trocken schütteln und hacken. Mit der Petersilie servieren.

KÜRBISCURRY

2 PORTIONEN • ZUBEREITUNG: CA. 30 MIN.
PRO PORTION: 321 KCAL / 34 G KH / 15,4 G F / 7,6 G P

ZUTATEN:

- 350 g Hokkaido-Kürbis
- 100 g rote Paprikaschote
- 150 g Kichererbsen (aus dem Glas)
- 1 TL Öl, z. B. Kokosöl
- 100 ml Kokosmilch
- ½ TL Gemüsebrühepulver
- 1 TL gelbe Currypaste
- Salz
- Pfeffer
- 1 EL Limettensaft (optional)

1. Kürbis waschen, aushöhlen und das feste Fruchtfleisch in grobe Würfel schneiden.
2. Paprika waschen, entkernen und in Stücke schneiden.
3. Kichererbsen durchspülen und abtropfen lassen.
4. Kürbis und Paprika mit Öl in einen Topf geben und ca. 5 Min. andünsten.
5. 200 ml Wasser, Kokosmilch, Brühepulver und Currypaste hinzufügen und 12 Min. bei mittlerer Hitze garen.
6. Zum Schluss mit Salz und Pfeffer sowie nach Belieben mit Limettensaft abschmecken.

TIPPS: Die Schale des Hokkaido-Kürbisses kann mitverzehrt werden, man muss ihn also nicht schälen. Der Kürbis lässt sich durch Süßkartoffeln oder auch Kartoffeln ersetzen. Dazu passt sehr gut Reis. Anstatt der Currypaste kann man dem Gericht auch Tomatenmark hinzufügen.

KICHERERBSEN-TOMATEN-CURRY

1 PORTION • ZUBEREITUNG: CA. 20 MIN.
PRO PORTION: 441 KCAL / 51,8 G KH / 11,4 G F / 22,1 G P

ZUTATEN:

220 g Kichererbsen (aus dem Glas)
1 kleine Zwiebel
1 TL Öl, z. B. Olivenöl
1 EL Tomatenmark
400 g gehackte Tomaten (aus der Dose)
Salz
Pfeffer
gem. Kreuzkümmel
Currypulver oder gem. Kurkuma

1. Kichererbsen in ein Sieb gießen, mit Wasser durchspülen und abtropfen lassen.
2. Zwiebel abziehen und klein hacken.
3. Öl in einen Topf geben und Zwiebel und Tomatenmark darin andünsten.
4. Gehackte Tomaten unterrühren, mit Salz, Pfeffer, Kreuzkümmel und Currypulver nach Belieben würzen. Soße ca. 5 Min. bei mittlerer Hitze köcheln lassen.
5. Kichererbsen einrühren und Curry in 5 Min. bei niedriger Hitze fertig kochen.

WIRSING-SENF-EINTOPF

2 PORTIONEN • ZUBEREITUNG: CA. 25 MIN.
PRO PORTION: 497 KCAL / 18,3 G KH / 33,2 G F / 27,5 G P

ZUTATEN:

400–500 g Wirsing (1 kleiner Wirsing)
1 kleine Zwiebel
1 Knoblauchzehe
70 g Sojagranulat, fein (TVP)
200 ml Sahne
1 EL Gemüsebrühe
2 EL Senf
1 EL Petersilie (TK)
Salz
Pfeffer

1. Den Wirsing von den äußeren Blättern befreien, anschließend vierteln und den Strunk entfernen. Die Viertel in Scheiben schneiden und waschen.
2. Die Zwiebel fein würfeln, Knoblauch pressen.
3. Nun alle Zutaten in einen Topf geben, mit 800 ml Wasser aufgießen und aufkochen. Auf mittlere Stufe herunterstellen und 15–20 Min. ohne Deckel köcheln lassen.
4. Zum Schluss mit Salz und Pfeffer abschmecken.

RATATOUILLEPFANNE

2 PORTIONEN • ZUBEREITUNG: CA. 25 MIN.
PRO PORTION: 364 KCAL / 24,4 G KH / 22,2 G F / 8,8 G P

ZUTATEN:

1 Aubergine
1 Zucchini
1 gelbe Paprikaschote
1 rote Paprikaschote
1 Knoblauchzehe
1 Dose gehackte Tomaten (400 g)
2 Stiele Oregano
1 Stiel Thymian
1 Zweig Rosmarin
3 EL Olivenöl
2 EL Tomatenmark
150 ml Gemüsebrühe
Salz
Pfeffer

1. Gemüse waschen, trocken tupfen und in kleine Stücke schneiden.
2. In einen Topf oder eine Pfanne füllen und Knoblauchzehe dazupressen.
3. Restliche Zutaten hinzufügen und mit einem Deckel abgedeckt bei mittlerer Hitze 15–20 Min. köcheln lassen, bis das Gemüse gar ist.
4. Zum Schluss noch mal mit Salz und Pfeffer abschmecken.

ROTE-BETE-SALAT MIT SCHAFSKÄSE, GEKOCHTEN EIERN UND WALNÜSSEN

1 PORTION • ZUBEREITUNG: CA. 20 MIN.
PRO PORTION: 620 KCAL / 23,3 G KH / 42,5 G F / 29 G P

ZUTATEN:

- 2 Eier
- 250 g gekochte, vakuumierte Rote Bete
- 50 g Schafskäse
- 10 g gehackte Walnüsse
- 1 EL Olivenöl
- 1 EL Essig
- 1 TL Honig
- 1 TL Senf
- Salz
- Pfeffer

1. Eier in einem Topf mit Wasser 10 Min. hart kochen. Dann mit kaltem Wasser kurz abschrecken, schälen und vierteln.
2. Rote Bete kurz abwaschen, in kleine Würfel schneiden und in eine Schüssel geben.
3. Schafskäse ebenfalls klein würfeln und mit den Walnüssen in die Schüssel geben. Gut durchmischen.
4. Für das Dressing Öl, Essig, Honig, Senf und etwas Salz und Pfeffer verrühren. Über den Salat geben.
5. Die Eierviertel darauflegen.

TIPP: Diesen Salat kann man sehr gut auch für den nächsten Tag zubereiten: einfach in ein Schraubglas füllen und im Kühlschrank lagern. Hält sich darin 2–3 Tage.

GEBACKENE AUBERGINENSCHNITZEL

2 PORTIONEN • ZUBEREITUNG: CA. 30 MIN.
PRO PORTION: 258 KCAL / 17,4 G KH / 15,2 G F / 7,9 G P

ZUTATEN:

2 Auberginen (ca. 600 g)
2 EL Olivenöl
4 Tomaten
1 Zucchini (ca. 200 g)
1 Zwiebel
1 Knoblauchzehe
Salz
Pfeffer
½ Bund Petersilie

1. Backofen auf 160 °C Umluft vorheizen.
2. Auberginen waschen, Strunk abschneiden und der Länge nach in mehrere Scheiben schneiden (ca. 1 cm dick).
3. Einen Bräter oder eine Grillpfanne (mit abnehmbarem oder ofenfestem Griff) mit 1 EL Öl einfetten.
4. Die Auberginenscheiben auf dem Boden nebeneinander einschichten.
5. Tomaten und Zucchini waschen, Strunk wegschneiden, würfeln und auf den Auberginenscheiben verteilen.
6. Zwiebel und Knoblauch abziehen und in kleine Würfel schneiden. Auch auf den Auberginenschnitzeln verteilen.
7. Mit Salz und Pfeffer würzen und mit dem restlichen Olivenöl beträufeln.
8. Circa 15–20 Min. im Ofen backen.
9. Petersilie waschen, trocken schütteln, hacken und das Gericht zum Servieren damit bestreuen.

ZUCCHINI-FETA-PFANNE

1 PORTION • ZUBEREITUNG: CA. 20 MIN.
PRO PORTION: 398 KCAL / 6,9 G KH / 26,1 G F / 31,7 G P

ZUTATEN:

1 Zucchini (ca. 300 g)
1 EL Öl, z. B. Olivenöl
Salz
Pfeffer
½ TL getr. Kräuter, z. B. Oregano
80 g Rucola
120 g fettreduzierter Feta

1. Zucchini putzen, waschen und in Scheiben schneiden. Dann in eine Schüssel geben und gut mit Öl, Salz, Pfeffer und getrockneten Kräutern vermischen.
2. (Grill-)Pfanne erhitzen und die Zucchinischeiben darin auf beiden Seiten braten.
3. Rucola waschen und trocken schütteln. Feta abtropfen lassen und in Würfel schneiden, mit gegrillten Zucchinischeiben und Rucola in die Pfanne geben und alles vermischen, Herd ausschalten.
4. Alles auf einem Teller anrichten und nochmals mit den Gewürzen abschmecken.

QUINOA-AVOCADO-BOWL

2 PORTIONEN • ZUBEREITUNG: CA. 25 MIN.
PRO PORTION: 605 KCAL / 58 G KH / 31,4 G F / 17,6 G P

ZUTATEN:

½ TL Gemüsebrühe
160 g Quinoa
1–2 Eier
20 g Pinienkerne
100 g frischer Babyspinat
1 Knoblauchzehe
1 TL Olivenöl
1 Avocado
Salz
Pfeffer

1. 400 ml Wasser mit der Gemüsebrühe aufkochen.
2. Quinoa heiß waschen und anschließend in die kochende Gemüsebrühe geben, 15 Min. köcheln lassen, danach vom Herd nehmen. Das Wasser sollte jetzt fast komplett verkocht sein. Quinoa noch weitere 5 Min. offen quellen lassen.
3. Währenddessen die Eier 5 Min. weich kochen.
4. Pinienkerne anrösten.
5. Spinat waschen.
6. Knoblauchzehe schälen. Das Olivenöl in einer Pfanne auf mittlere Stufe erhitzen und den gepressten Knoblauch dazugeben. Kurz anschwitzen. Herd auf niedrige Temperatur schalten und die Hälfte des Spinats und einen Schuss Wasser hinzufügen. Den Spinat zusammenfallen lassen, salzen und pfeffern.
7. Avocado aus der Schale entfernen und in Scheiben schneiden.
8. Zum Schluss den frischen Spinat auf 2 Schüsseln verteilen, Quinoa daraufgeben und mit den festlichen Zutaten belegen.

HALLOUMI-BRUSCHETTA

2 PORTIONEN • ZUBEREITUNG: CA. 15 MIN.
PRO PORTION: 666 KCAL / 9,2 G KH / 56,7 G F / 30,5 G P

ZUTATEN:

20 g Pinienkerne
250 g Halloumi
3 EL Öl, z. B. Olivenöl
½ Bund frisches Basilikum (oder 2 EL TK-Basilikum)
20 Cherrytomaten
10 schwarze Oliven (ohne Stein)
Salz
Pfeffer

1. Pinienkerne in einer Pfanne ohne Öl rösten.
2. Halloumi in etwa 2 cm dicke Scheiben schneiden und mit ½ EL Öl von allen Seiten bestreichen. In einer Pfanne etwa 5 Min. von beiden Seiten goldbraun anbraten.
3. Währenddessen Basilikum waschen, trocken schütteln und hacken.
4. Basilikum (1 TL für später aufbewahren) in eine Küchenmaschine geben. Geröstete Pinienkerne und 2 EL Olivenöl hinzufügen und alles zu einem Pesto pürieren.
5. Cherrytomaten waschen, vierteln und in eine kleine Schüssel geben.
6. Oliven halbieren und mit ½ EL Olivenöl sowie dem restlichen Basilikum zu den Tomaten geben. Vermischen und mit Salz und Pfeffer abschmecken.
7. Zum Servieren den gebratenen Halloumi mit Pesto bestreichen und die Tomaten-Oliven-Masse darauf verteilen.

TOMATEN-EIER-MUFFINS

1 PORTION • ZUBEREITUNG: CA. 15 MIN.
PRO PORTION: 340 KCAL / 6,8 G KH / 21,3 G F / 30,6 G P

ZUTATEN:

3 Eier
Salz
Pfeffer
Paprikapulver
getr. Oregano
6 Kirschtomaten
30 g Zucchini
3 EL Gouda, gerieben
etwas Fett für die Formen

1. Backofen auf 180 °C Umluft vorheizen.
2. Eier mit Salz, Pfeffer, Paprikapulver und Oregano in eine Schüssel geben und mit einer Gabel aufschlagen.
3. Gemüse waschen, putzen, abtrocknen und in kleine Stücke schneiden.
4. Gemüsestücke und Käse zu der Eiermasse geben und gut vermischen.
5. Die Masse in gefettete Muffinförmchen (am besten eignen sich Silikonformen) füllen und 10–12 Min. im Ofen zu goldbraunen Muffins backen.

TIPP: Wer lieber die Mikrowelle verwendet, kann die Muffins 3–5 Min. bei 800 Watt in der Mikrowelle backen.

TOFU-GEMÜSE-SPIESSE MIT PAPRIKA-QUARK-DIP

2 PORTIONEN • ZUBEREITUNG: CA. 15 MIN.
PRO PORTION: 360 KCAL / 16 G KH / 18,2 G F / 28,2 G P

ZUTATEN:

1 Packung Tofu (200 g)
1 EL Sojasoße
2 Paprikaschoten (rot, gelb)
1 Zucchini
1 rote Zwiebel
1 EL Öl, z. B. Olivenöl
125 g Magerquark
1 EL Mineralwasser oder Wasser
1 TL Paprikapulver edelsüß
1 Prise scharfes Paprikapulver (optional)
Salz
Pfeffer
Holzspieße

1. Tofu in grobe Würfel schneiden. Zusammen mit der Sojasoße in eine Schüssel geben und vermischen.
2. Gemüse waschen, putzen und abtrocknen. Paprika in Stücke und Zucchini in dicke Scheiben schneiden.
3. Zwiebel abziehen, in Viertel schneiden und die einzelnen Zwiebelschichten auseinanderzupfen.
4. Tofu und Gemüse abwechselnd auf Holzspieße stecken.
5. Öl in eine Pfanne geben und die Spieße darin 8–10 Min. braten.
6. Währenddessen Magerquark in einer Schüssel mit Wasser aufrühren.
7. Mit Paprikapulver, Salz und Pfeffer würzen.
8. Die fertigen Spieße mit dem Paprika-Quark-Dip servieren.

TIPP: Spieße nach Lust und Laune variieren und würzen.

WEISSE-BOHNEN-RÄUCHERTOFU-PFANNE

2 PORTIONEN • ZUBEREITUNG: CA. 15 MIN.
PRO PORTION: 424 KCAL / 28,2 G KH / 17,9 G F / 30 G P

ZUTATEN:

- 1 rote Paprikaschote
- 60 g Tomatenmark
- 200 g Räuchertofu
- 1 rote Zwiebel
- 1 EL Öl, z. B. Olivenöl
- ½ TL Kurkuma
- 1 Dose weiße Bohnen (ca. 250 g Abtropfgewicht)
- Salz
- Pfeffer

1. Paprika waschen, putzen und in grobe Stücke schneiden.
2. Paprika mit Tomatenmark und 80 ml Wasser in einen Mixer geben und zu einer glatten Soße pürieren.
3. Räuchertofu in Würfel schneiden. Zwiebel abziehen und fein hacken.
4. Öl in einer Pfanne auf mittlerer Stufe erhitzen. Tofu darin etwa 4 Min. von allen Seiten goldbraun anbraten. Zwiebel und Kurkuma dazugeben und weitere 2 Min. braten.
5. Weiße Bohnen in ein Sieb abgießen und mit Wasser abspülen.
6. Bohnen mit Paprika-Tomaten-Soße in die Pfanne geben und 3–5 Min. anbraten, bis die Flüssigkeit größtenteils verdampft ist. Mit Salz und Pfeffer abschmecken.

TIPP: Mit frisch gehacktem Basilikum servieren.

GEFÜLLTES OMELETT

2 PORTIONEN • ZUBEREITUNG: CA. 15 MIN.
PRO PORTION: 296 KCAL / 10,7 G KH / 11,1 G F / 30,1 G P

ZUTATEN:

250 g Champignons (aus der Dose)
1 ½ EL Öl
6 Eier
2 EL Mineralwasser mit Kohlensäure
Salz
Pfeffer
1 Avocado
100 g Feta

1. Champignons in einem Sieb abtropfen lassen.
2. ½ EL Öl in eine Pfanne geben und die Champignons darin 5 Min. scharf anbraten. Kurz beiseite legen.
3. Eier in einer Schüssel mit Wasser, Salz und Pfeffer verquirlen.
4. Nochmals ½ EL Öl in die Pfanne geben und die Hälfte der Eiermasse in der Pfanne verteilen und stocken lassen.
5. Währenddessen Avocado halbieren, entkernen, Fruchtfleisch mit einem Löffel aus der Schale lösen und in Stücke schneiden.
6. Nach dem Anbraten auf einer Seite das Omelett wenden und fertig garen.
7. Omelett mit der Hälfte der Avocadowürfel, Champignons und Fetastückchen (Feta einfach darüberbröseln) belegen und eine Seite einklappen. Auf einen Teller geben.
8. Den Vorgang wiederholen und ein weiteres gefülltes Omelett fertigstellen.

TIPP: Mit frischen gehackten Kräutern bestreuen.

COUSCOUS-BOWL

2 PORTIONEN • ZUBEREITUNG: CA. 20 MIN.
PRO PORTION: 372 KCAL / 64,4 G KH / 4,8 G F / 13 G P

ZUTATEN:

1 gelbe Paprikaschote
1 mittelgroße Zucchini
1 Karotte
1 Knoblauchzehe
200 g Datteltomaten
6 Blatt frisches Basilikum
1 TL Olivenöl
300 ml Gemüsebrühe
150 g Couscous
Salz
Pfeffer

1. Paprika und Zucchini waschen und in kleine Stücke schneiden.
2. Karotte schälen und fein würfeln.
3. Knoblauch schälen.
4. Tomaten waschen und vierteln.
5. Basilikum waschen und trocken schütteln.
6. In einer tiefen Pfanne das Olivenöl erhitzen, Paprika, Zucchini und Karotten 5 Min. andünsten. Zum Schluss den gepressten Knoblauch dazugeben.
7. Gemüsebrühe dazugeben und kurz aufkochen lassen.
8. Couscous einrieseln, gut umrühren und die Pfanne vom Herd nehmen. 5 Min. quellen lassen. Mit Salz und Pfeffer abschmecken.
9. Tomaten und Basilikum unterheben.

DEFTIGE ZUCCHINI-PANCAKES MIT JOGHURT-DIP

2 PORTIONEN • ZUBEREITUNG: CA. 15 MIN.
PRO PORTION: 439 KCAL / 20,4 G KH / 20,7 G F / 41,5 G P

ZUTATEN:

- 300 g Zucchini
- ½ Zwiebel
- 1 Ei
- 20 g Parmesan, gerieben
- 1 Msp. Johannisbrotkern- oder Guarkernmehl (zur besseren Bindung, ersatzweise etwas mehr geriebenen Parmesan verwenden)
- ½ TL getr. Basilikum
- ½ TL getr. Petersilie
- Salz
- Pfeffer
- 1 EL Öl
- 250 g griechischer Joghurt
- 1 TL Zitronensaft

1. Zucchini waschen, putzen, fein raspeln und das Wasser ausdrücken (z. B. mit einem Küchentuch oder einem Nussmilchbeutel).
2. Zwiebel abziehen und fein hacken.
3. Ei in einer Schüssel kurz aufschlagen.
4. Zucchiniraspel (1 EL geraspelte Zucchini für den Dip beiseitelegen), Zwiebelwürfel, Parmesan, Johannisbrotkernmehl sowie Basilikum und Petersilie zum Ei geben und alles gut vermischen. Mit Salz und Pfeffer würzen.
5. Öl in einer Pfanne erhitzen. Hände befeuchten und aus der Masse kleine Kugeln formen. In die Pfanne setzen, mit einem Löffel leicht andrücken und ausstreichen. Die Zucchini-Pancakes wenden, sobald die untere Seite goldbraun ist.
6. Währenddessen Joghurt, restliche Zucchiniraspel und Zitronensaft vermischen. Mit Salz und Pfeffer abschmecken.
7. Joghurt-Dip zu den Zucchini-Pancakes servieren.

TIPP: Zu den deftigen Pancakes schmeckt auch ein leckerer Quark-Dip!

TOMATEN-SPINAT-FRITTATA

2 PORTIONEN • ZUBEREITUNG: CA. 25 MIN.
PRO PORTION: 466 KCAL / 5,3 G KH / 37,7 G F / 25 G P

ZUTATEN:
- 200 g frischer Spinat
- 4 Cocktailtomaten
- 1 EL Schnittlauch
- ½ Mozzarella
- 5 Eier
- 3 EL Sahne
- Salz
- Pfeffer
- 2 EL Olivenöl

1. Spinat waschen und abtropfen lassen, danach in kleine Stücke schneiden.
2. Cocktailtomaten waschen und in kleine Stücke schneiden.
3. Schnittlauch waschen, trocken schütteln und in kleine Röllchen schneiden.
4. Mozzarella in kleine Streifen schneiden.
5. Eier und Sahne verquirlen und mit Salz und Pfeffer würzen.
6. Öl in eine Pfanne geben und erhitzen.
7. Eiermischung einfüllen und etwas stocken lassen.
8. Tomaten, Spinat und Mozzarella auf der Eimasse verteilen.
9. Bei geringer Hitze in 10–15 Min. fertig ausbacken.

ZUCCHINI-FRITTATA

4 PORTIONEN • ZUBEREITUNG: CA. 15 MIN.
PRO PORTION: 440 KCAL / 9,9 G KH / 32,3 G F / 27,4 G P

ZUTATEN:

- 1 kg Zucchini
- 8 Eier
- 200 g Schmand
- Salz
- Pfeffer
- ½ Bund frische Petersilie (oder 2 EL TK-Petersilie bzw. 1 EL getr. Petersilie)
- 200 g Feta

1. Ofen auf 180 °C Umluft vorheizen.
2. Zucchini waschen, putzen, abtrocknen und raspeln.
3. Eine ofenfeste Pfanne erhitzen und die Zucchiniraspel (ohne Öl) darin dünsten.
4. Eier in einer Schüssel mit dem Schmand verquirlen, mit Salz und Pfeffer würzen.
5. Petersilie waschen, trocken schütteln, hacken und zur Eiermasse geben.
6. Das Eigemisch zu den Zucchiniraspeln in die Pfanne schütten und stocken lassen.
7. Den Feta darüberbröseln.
8. Die Pfanne 5–8 Min. in den vorgeheizten Backofen stellen, bis auch die obere Schicht stockt. (Falls man keine ofenfeste Pfanne besitzt, kann man die Frittata auch vorsichtig in der Pfanne wenden und durchgaren. Dazu am besten mit einem Pfannenwender in Viertel teilen und diese Viertel dann wenden.)
9. Frittata aus dem Ofen holen, in Stücke schneiden und genießen.

TIPP: Schmeckt auch kalt sehr gut.

GEBRATENER BLUMENKOHL MIT TOMATENSOSSE

2 PORTIONEN • ZUBEREITUNG: CA. 15 MIN.
PRO PORTION: 215 KCAL / 17,1 G KH / 8,5 G F / 8,9 G P

ZUTATEN:

- Salz
- 1 Blumenkohl (ca. 600 g)
- 1 Zwiebel
- 1 Dose stückige oder geschälte Tomaten (ca. 400 g)
- 1 EL Tomatenmark
- 1 EL Essig
- Pfeffer
- 1 Prise Zucker oder Süßungsmittel nach Belieben
- 1 EL Öl (oder Butter)

1. Wasser in einem Topf zum Kochen bringen, eine Prise Salz hinzufügen.
2. Blumenkohl waschen und in Röschen teilen, evtl. nochmals kleiner schneiden. Im kochenden Wasser 5–7 Min. bissfest garen.
3. In der Zwischenzeit die Zwiebel abziehen und hacken.
4. Tomaten, Zwiebel, Tomatenmark, Essig, Salz, Pfeffer, Zucker in einen Topf füllen und ca. 8 Min. köcheln lassen. Die Tomatensoße dann pürieren und evtl. noch mal abschmecken.
5. Blumenkohl durch ein Sieb abseihen und kurz abtropfen lassen.
6. Öl in eine Pfanne geben und den Blumenkohl darin scharf anbraten.
7. Gebratenen Blumenkohl mit Tomatensoße servieren.

TIPP: Mit frischer Petersilie servieren.

GEBACKENER CURRYBLUMENKOHL

2 PORTIONEN • ZUBEREITUNG: CA. 15 MIN.
PRO PORTION: 637 KCAL / 12,2 G KH / 50,6 G F / 22,1 G P

ZUTATEN:

1 mittelgroßer Blumenkohl
125 g Mandelmus
3 TL Currypulver
3 EL Öl, z. B. Olivenöl
1 EL Zitronensaft
Salz
frische Kräuter (optional)

1. Ofen auf 190 °C Umluft vorheizen.
2. Blumenkohl putzen, in kleine Röschen teilen bzw. schneiden und in eine Schüssel geben.
3. Mandelmus, Currypulver, Öl, Zitronensaft und 4 EL Wasser in einer Küchenmaschine zu einer glatten Soße vermengen. Bei Bedarf noch etwas mehr Wasser zufügen.
4. Soße über die Blumenkohlröschen geben und gut verteilen, bis alles mit der Soße benetzt ist.
5. Backblech mit Backpapier auslegen. Blumenkohlröschen darauf verteilen und im Ofen auf mittlerer Schiene etwa 10–12 Min. hellbraun rösten. Nach der Hälfte der Backzeit einmal wenden.
6. Gerösteten Blumenkohl salzen und nach Belieben mit frischen Kräutern bestreut servieren.

TIPP: Mit frisch gehacktem Koriander servieren.

Fast Food

CURRYWURSTPFANNE

2 PORTIONEN • ZUBEREITUNG: CA. 20 MIN.
PRO PORTION: 375 KCAL / 16,1 G KH / 26,8 G F / 19,9 G P

ZUTATEN:

- 500 g passierte Tomaten (aus der Dose)
- 1 EL Tomatenmark
- 3 EL dunkler Essig, z. B. Balsamico
- 2 EL Currypulver, plus etwas mehr zum Garnieren
- ½ TL Brühepulver, z. B. für Fleischbrühe
- 1 TL Paprikapulver edelsüß
- 1 EL Süßungsmittel nach Wahl, z. B. brauner Zucker oder Honig
- Salz
- Pfeffer
- 2 Bockwürste (ca. 200 g)

1. Alle Zutaten für die Soße in einen Topf geben und gut verrühren, dann kurz aufkochen und bei mittlerer Hitze 8 Min. köcheln lassen.
2. Bockwürste in Scheiben schneiden und in die Soße einrühren. Weitere 5 Min. köcheln lassen.
3. Vor dem Servieren nach Belieben mit Currypulver bestreuen.

TIPP: Mit frisch gehackten Kräutern bestreuen.

CHICKEN-NUGGETS MIT ZITRONEN-DIP

2 PORTIONEN • ZUBEREITUNG: CA. 15 MIN.
PRO PORTION: 497 KCAL / 8,1 G KH / 21 G F / 68,8 G P

ZUTATEN:

- 1 Ei
- 100 g Parmesan, gerieben
- 50 g gem. Mandeln
- 250 g Hähnchenbrustfilet
- Salz
- Pfeffer
- 1 EL Olivenöl
- 250 g Magerquark
- 1 EL Zitronensaft
- 2 EL Mineralwasser mit Kohlensäure

1. Ei in einer Schüssel verquirlen.
2. Parmesan und Mandeln in einer zweiten Schüssel vermischen.
3. Hähnchenbrustfilet waschen, mit Küchenpapier trocken tupfen und in grobe Stücke (gewünschte Nuggets-Größe) schneiden.
4. Die Hähnchenstücke salzen und pfeffern. Danach erst in das verquirlte Ei und dann zum Panieren in die Mandel-Parmesan-Mischung tunken.
5. Öl in der Pfanne erhitzen und die Nuggets erst scharf von allen Seiten anbraten und dann 5–6 Min. bei mittlerer Hitze durchgaren lassen.
6. Währenddessen Quark, Zitronensaft und Mineralwasser in einer Schüssel verrühren und mit Salz und Pfeffer abschmecken.
7. Den Zitronen-Dip zu den gebratenen Nuggets reichen.

TIPP: Zu den Nuggets passt auch sehr gut Tzatziki oder ein Tomaten-Dip!

OMELETT-WRAP

1 PORTION • ZUBEREITUNG: CA. 20 MIN.
PRO PORTION: 328 KCAL / 24,8 G KH / 16,8 G F / 17,4 G P

ZUTATEN:
- 3 Kirschtomaten
- 2 Eier
- 2 Stängel frischer Koriander oder Petersilie
- Salz
- Pfeffer
- 1 TL Öl, z. B. Olivenöl
- 1 Vollkorn-Wrap

1. Kirschtomaten waschen und in Scheiben schneiden.
2. Die Eier in einer Schüssel mit dem Schneebesen verquirlen und die Tomaten unterheben.
3. Koriander waschen und trocken schütteln. ⅔ davon grob hacken und in die Ei-Tomaten Mischung rühren. Vom Rest die Blättchen abzupfen und beiseite legen. Eiermasse salzen, pfeffern und nochmal verquirlen.
4. Öl auf mittlerer Stufe in einer Pfanne erhitzen, Eiermasse in die Pfanne gießen und Omelett von beiden Seiten braten. Dann aus der Pfanne nehmen.
5. Eine Seite des Wraps mit Omelett belegen, die leere Seite darüberklappen und Wrap in derselben Pfanne von beiden Seiten anbraten.
6. Mit dem restlichen Koriander bestreuen.

TIPP: Für das Omelett sind viele Variationen möglich, z. B. mit Paprika, Schinken, Champignons u. v. m.

OMELETT-PFANNENPIZZA

2 PORTIONEN • ZUBEREITUNG: CA. 15 MIN.
PRO PORTION: 388 KCAL / 7,3 G KH / 22,3 G F / 38,7 G P

ZUTATEN:

- 4 Eier
- 50 g Mozzarella, geraspelt
- Salz
- Pfeffer
- 1 EL Öl
- 2 EL Tomatenmark
- 1 EL getr. Oregano
- 200 g gekochter Schinken, in Scheiben
- 2 Tomaten

1. Eier in einer Schüssel verquirlen.
2. Mozzarella zu den Eiern geben, mit Salz und Pfeffer würzen und gut vermischen.
3. ½ EL Öl in einer Pfanne erhitzen und die Hälfte der Ei-Mozzarella-Masse in der Pfanne herausbacken.
4. Tomatenmark in einer Schüssel mit Oregano verrühren, mit Salz und Pfeffer würzen.
5. Die Hälfte der Tomaten-Oregano-Soße auf dem Omelett-Pizzaboden aufstreichen und mit 100 g Schinken belegen. Kurz durchziehen lassen und auf einen Teller geben.
6. Den Vorgang wiederholen und eine weitere Pfannenpizza herausbacken.
7. Tomaten waschen und in Scheiben schneiden. Die beiden Pfannenpizzen damit belegen.

TIPP: Mit Oregano bestreut servieren.

BUNTER HACK-SALAT-WRAP

2 PORTIONEN • ZUBEREITUNG: CA. 15 MIN.
PRO PORTION: 575 KCAL / 5,2 G KH / 44,4 G F / 36,3 G P

ZUTATEN:

- 1 EL Öl
- 300 g Hackfleisch (Rind, Schwein)
- Salz
- Pfeffer
- 4–8 Salatblätter zum Befüllen, z. B. Romana, Eisbergsalat, Kopfsalat
- ¼ Gurke
- 1 Avocado
- 10 Cherrytomaten
- 1 EL Zitronensaft

1. ½ EL Öl in einer Pfanne erhitzen und Hackfleisch darin krümelig braten und mit Salz und Pfeffer würzen.
2. Währenddessen Salatblätter waschen und trocken schütteln.
3. Gurke waschen, abtrocknen, der Länge nach halbieren und dann quer in Scheiben schneiden.
4. Avocado halbieren, entkernen, Fruchtfleisch mit einem Löffel aus der Schale lösen und in Stücke schneiden.
5. Cherrytomaten waschen und halbieren.
6. Sobald das Hackfleisch durchgebraten ist, den Herd ausstellen, ½ EL Öl, Zitronensaft, Gurke, Avocado und Tomaten in die Pfanne geben und vermischen. Noch kurz die Restwärme zum Erhitzen der Zutaten nutzen.
7. Hackfleischmasse auf die Salatblätter verteilen und servieren.

TIPP: Mit frisch gehackter Petersilie servieren.

Snacks und Drinks für zwischendurch

MANDEL-DATTEL-ENERGIEBÄLLCHEN

8 STÜCK • ZUBEREITUNG: CA. 10 MIN.
PRO STÜCK: 76 KCAL / 5,8 G KH / 4,5 G F / 2,5 G P

ZUTATEN:
- 6 getr. Datteln (ohne Stein)
- 30 g gem. Mandeln
- 40 g feine Haferflocken
- 2 EL Mandelmus
- 1 EL gehackte Mandeln oder Nüsse

1. Die Datteln hacken und in einer Schüssel mit den restlichen Zutaten verkneten.
2. Mit angefeuchteten Händen acht Bällchen aus dem Teig formen und zum Durchkühlen in den Kühlschrank stellen.

TIPPS: Die Energiebällchen für mindestens 3 Std. in den Kühlschrank stellen. Wer möchte, kann die Kugeln nach dem Kühlen noch in Kokosraspeln, Kakaopulver, Haferflocken, Lein- oder Chiasamen wälzen.

SCHOKO-HAFER-KEKSE

CA. 30 STÜCK • ZUBEREITUNG: CA. 30 MIN.
PRO STÜCK: 101 KCAL / 5,3 G KH / 5,3 G F / 1,8 G P

ZUTATEN:

- 130 g Butter
- 100 g Zucker oder Süßungsmittel nach Wahl
- 120 g Haferflocken
- 150 g Weizenmehl oder Dinkelmehl Typ 630
- 1 TL Backpulver
- 1 Prise Salz
- 2 Eier
- 1 TL Vanillearoma, alternativ Vanillepulver
- 3 EL Milch
- 100 g gehackte Schokolade

1. Den Backofen auf 170 °C Umluft vorheizen.
2. Butter mit dem Zucker schaumig schlagen.
3. Haferflocken, Mehl, Backpulver und die Prise Salz in einer separaten Schüssel miteinander vermengen.
4. Eier, Vanillearoma und Milch zu der Butter-Zucker-Mischung geben und verrühren, bevor nun die trockenen Zutaten (siehe Schritt 3) untergerührt werden.
5. Die Schokolade grob hacken und unter den Teig heben.
6. Da der Teig etwas fester ist, mithilfe eines Teelöffels Teigkleckse auf ein mit Backpapier ausgelegtes Backblech geben und ca. 15 bis 20 Min. backen.
7. Die Kekse etwa 5 Min. erst auf dem Blech abkühlen und dann auf einem Gitter vollständig auskühlen lassen.

PFIRSICH-SMOOTHIE

1 PORTION • ZUBEREITUNG: CA. 5 MIN.
PRO PORTION: 205 KCAL / 38,7 G KH / 2,1 G F / 6,2 G P

ZUTATEN:

2 Pfirsiche
1 EL Zitronensaft
1 EL Agavendicksaft
125 ml fettarme Milch

1. Pfirsiche waschen, abtrocknen, entkernen und klein schneiden.
2. Mit Agavendicksaft und fettarmer Milch in einem Mixer zu einem Smoothie verarbeiten.

RAW BITES

10 STÜCK • ZUBEREITUNG: CA. 10 MIN.
PRO STÜCK: 80 KCAL / 11,2 G KH / 2,6 G F / 2,2 G P

ZUTATEN:
½ Karotte
60 g Softdatteln (ohne Stein)
45 g Cashewkerne
1 TL Zimt
90 g zarte Haferflocken

TIPP: Im Kühlschrank halten die Raw Bites ca. 1 Woche.

1. Karotte schälen und klein raspeln.
2. Datteln zusammen mit den Cashewkernen in einen Mixer geben und zu einem Mus pürieren.
3. Karotte, Zimt sowie Haferflocken mit dem Mus vermischen und den Teig ordentlich durchkneten.
4. Aus je 1 Teelöffel der Masse mit den Händen eine Kugel rollen. So lange fortfahren, bis der Teig verbraucht ist.
5. Kugeln in Vorratsdose im Kühlschrank lagern. Wenn man die Kugeln schichtet, Backpapier oder Frischhaltefolie dazwischenlegen.

SCHOKO-GRANOLA-RIEGEL

8 STÜCK • ZUBEREITUNG: CA. 30 MIN.
PRO STÜCK: 166 KCAL / 17,8 G KH / 14,1 G F / 4,2 G P

ZUTATEN:

- 70 g Honig
- 45 g Pflanzenöl
- 90 g Haferflocken, kernig
- 2 TL Kakaopulver
- 20 g getr. Datteln oder Feigen
- 1 EL gehackte Nüsse, z. B. Mandeln oder Haselnüsse
- 1 EL Samenkörner, z. B. Sesam, Kürbiskerne oder Chia
- 40 g grob gehackte Schokolade

1. Backofen auf 160 °C Umluft vorheizen.
2. Honig und Öl miteinander vermengen.
3. Haferflocken mit dem Kakaopulver mischen und dazugeben.
4. Datteln klein schneiden und mit den Nüssen und Samenkörnern zu der Masse geben und gut vermischen.
5. Zum Schluss die grob gehackte Schokolade untermengen und die klebrige Masse auf ein Backblech mit Backpapier oder in eine mit Backpapier ausgelegte Form geben und ca. 25 Min. backen.
6. Nach kurzem Abkühlen in die gewünschte Größe schneiden und vollständig abkühlen lassen.

MANDEL-SCHOKO-SHAKE

1 PORTION • ZUBEREITUNG: 2 MIN.
PRO PORTION: 244 KCAL / 6,5 G KH / 10,4 G F / 31,2 G P

ZUTATEN:
- 200 ml ungesüßter Mandeldrink
- 2 TL ungesüßtes Kakaopulver
- 1 EL braunes Mandelmus
- 3 EL Proteinpulver Schokolade

Alle Zutaten in einen Mixer geben, verquirlen und genießen.

TIPP: Möchten Sie kein Proteinpulver verwenden, können Sie etwas mehr Kakaopulver nehmen und 150 g Magerquark oder Skyr mit in den Mixer geben. Natürlich kann man den Shake auch mit veganem Proteinpulver zubereiten.

KOSTENLOSES BONUSMATERIAL ZUM BUCH

Auf **https://home-office-kochbuch.de** habe ich Ihnen umfangreiches Bonusmaterial zum Buch zusammengestellt.

Im kostenlosen Bonuspaket sind u. a. enthalten:

- Wochenplan-Vorlagen zum Erstellen von Mahlzeitenplänen
- Grundvorrats-Empfehlungen
- Kostenloses E-Book mit 15 Rezepten mit dem Grundvorrat
- Lunchbox- und Meal-Prep-Ideen

und noch ein paar Freebies mehr ...

Herzliche Grüße
Veronika Pichl

ÜBER DIE AUTORIN

Veronika Pichl ist Autorin zahlreicher Kochbücher und Ratgeber. Mit ihren Büchern und ihrem Blog-Magazin »HappyFitFood – Gesunde Ernährung mit Fun-Faktor« möchte sie ihre Leser zu einem gesünderen und glücklicheren Leben inspirieren. Im riva Verlag sind bereits viele erfolgreiche Bücher von ihr erschienen. Sie lebt mit ihrem Mann und ihren beiden Kindern im schönen Mittelfranken. Mehr Infos zur Autorin und ihren Büchern findest du auf www.veronikapichl.de.

Im Blog-Magazin von Veronika Pichl auf www.happyfitfood.de erscheinen regelmäßig leckere Rezepte, Meal Prep- und Lunchbox-Ideen. Außerdem gibt es wissenswerte Beiträge, um mehr Bewegung in den Alltag zu bringen und Kilos zu verlieren, aber auch Tipps, um seine Ziele zu erreichen – für eine nachhaltige Lebensweise und mehr Zufriedenheit im Leben.

BILDNACHWEIS

Shutterstock.com: S. 5 von oben nach unten: Mariya Siyanko, Svetlana Monyakova, Liliya Kandrashevich; S. 6 von oben nach unten: Sea Wave, Kiian Oksana, Timolina; S. 7 von oben nach unten: NoirChocolate, Olga Nayashkova, Kati Finell; S. 8 von oben nach unten: fired, Kiian Oksana, Bogdan Wankowicz; S. 9: DimaBerlin; S. 10: Makistock; S. 11: Just Life; S. 12: fizkes; S. 13 oben: Said Marroun, S. 13 unten links: Rostislav_ Sedlacek; S. 13 unten rechts: EZ-Stock Studio; S. 14: Miroslav Pesek; S. 15: wavebreakmedia; S. 16: DG PhotoStock; S. 17: Shutterstock.com; S. 19 oben Mitte: Melinda Fawver; S. 19 oben rechts: Melinda Fawver; S. 19 unten von links nach rechts: Volodymyr Shablei, A_Lein, Mariya Siyanko; S. 21: A_Lein, S. 24: Volodymyr Shablei; S. 26: Melinda Fawver; S. 29; S. 30: Mariya Siyanko; S. 32: nelea33; S. 33 oben von links nach rechts: Svetlana Monyakova, Damada, Yulia Davidovich; S. 33 unten von links nach rechts: Timolina, Liliya Kandrashevich, Sea Wave; S. 35: Svetlana Monyakova; S. 36: zefirchik06; S. 39: Liliya Kandrashevich; S. 40: Olga Miltsova; S. 43: vanillaechoes; S. 44: Timolina; S. 45: Olga Nayashkova; S. 46: Yulia Davidovich; S. 49: Liliya Kandrashevich; S. 50: Sunvic; S. 53: Sea Wave; S. 54: Damada; S. 55 oben links und rechts: Kiian Oksana; S. 55 oben Mitte: stockcreations; S. 55 unten von links nach rechts: msheldrake, Magrig, Stepanek Photography; S. 56: msheldrake; S. 57: siamionau pavel; S. 59: Kiian Oksana; S. 60: Magrig; S. 63: Stepanek Photography; S. 64: Kiian Oksana; S. 66: stockcreations; S. 67 oben links: Amallia Eka; S. 67 oben rechts: pamuk; S. 67 unten links: Natali Eina; S. 67 unten Mitte: MShev; S. 69: Amallia Eka; S. 73: MShev; S. 74: Natalia Lisovskaya; S. 75: from my point of view; S. 76: Kati Finell; S. 79: pamuk; S. 85: Timolina; S. 87: Plateresca; S. 89: Timolina; S. 90: Natali Eina; S. 91 oben Mitte: Gaus Alex; S. 91 rechts: NoirChocolate; S. 91 unten links: Elena Trukhina; S. 91 unten Mitte: marco mayer; S. 93: marco mayer; S. 95: NoirChocolate; S. 96: Elena Trukhina; S. 98: Gaus Alex; S. 99 oben von links nach rechts: Olga Nayashkova, OlhaAfanasieva, fired; S. 99 unten Mitte: Yuliia-Holovchenko; S. 101: Olga Nayashkova; S. 102: YuliiaHolovchenko; S. 105: nesavinov; S. 107 OlhaAfanasieva; S. 108 + S. 111: Timolina; S. 112: Liliya Kandrashevich; S. 117: Elena Shashkina; S. 118: Olga Lyubkin; S. 120: Vladyslav Rasulov; S. 121: kuvona; S. 122; S. 125: fired; S. 127: Magdanatka; S. 129 oben von links nach rechts: Kiian Oksana; KarepaStock; S. 129 unten von links nach rechts: Joshua Resnick, Kiian Oksana, Thienne Johnson; S. 130: KarepaStock; S. 131: Anna Kurzaeva; S. 132: Kiian Oksana; S. 133: Thienne Johnson; S. 134: Joshua Resnick; S. 135 oben links: Elena Veselova; S. 135 oben rechts: yingko; S. 135 unten von links nach rechts: vm2002, Bogdan Wankowicz, Oxana Denezhkina; S. 136: vm2002; S. 137: Bogdan Wankowicz; S. 138: yingko; S. 141: Oxana Denezhkina; S. 142: Elena Veselova

Sonstige Mitwirkende: Bianca Zapatka: Rezept: S. 26; Diana Ruchser, schwarzgrueneszebra.de: Rezept + Foto: S. 80, S. 81, S. 126; Josephin Ritzka: Rezept + Foto: S. 25, Foto: S. 19 oben rechts; Katharina Clören: Rezept: S. 44–45, S. 93, S. 98, S. 109; Mandy Brünig: Rezept + Foto: S. 82–83, S. 115, S. 139, Foto: S. 135 oben Mitte; Marisa Böckler: Rezept + Foto: S. 84, S. 92; Foto: S. 67 unten rechts, S. 91 oben links; Miriam Matin: S. 27 (Rezept + Foto), S. 119, S. 128; Foto: S. 99 unten links; Ronja Pfuhl, Food'nPhoto, #miss_gruenkern: Rezept + Foto: S. 106, S. 114; Vanessa Döhre: Rezept: S. 140; Vanessa Faschingbauer, #vanessas.gymfood: Rezept: S. 47, S. 51, S. 52, S. 62, S. 72, S. 113, S. 123, S. 132; Rezept + Foto: S. 22–23, S. 67 oben Mitte, S. 70–71; S. 86; Foto: S. 19 oben links, S. 99 unten rechts